Elisabeth Raffauf
Only for Girls

Elisabeth Raffauf

ONLY FOR GIRLS

Alles über Liebe und Sex

Mit Bildern von
Isabel Große Holtforth

www.beltz.de
© 2008 Beltz & Gelberg
in der Verlagsgruppe Beltz · Weinheim Basel
Alle Rechte vorbehalten
Text © 2008 Elisabeth Raffauf
Illustrationen © 2008 Isabel Große Holtforth
Lektorat: Stefanie Schweizer
Einbandgestaltung: Max Bartholl
unter Verwendung eines Fotos von Bernd Vogel / Corbis
Neue Rechtschreibung
Typographie: Annette Fröhlich
Druck und Bindung: Druck Partner Rübelmann,
Hemsbach
Printed in Germany
ISBN: 978-3-407-75340-3
1 2 3 4 5   12 11 10 09 08

Inhalt

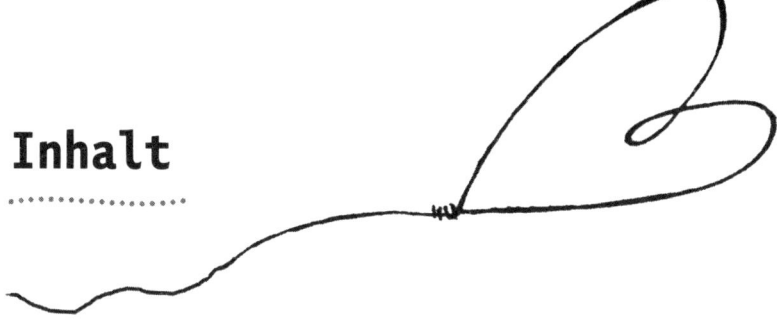

Liebe und Sex tausend Mal anders

Ehrlich gesagt: In diesem Buch steht nicht *alles* drin, was du über Liebe und Sex wissen möchtest. Denn es lässt sich nicht alles erklären und nicht alles vorausberechnen, schon gar nicht, wenn es um Körper und Seele geht. Zum Glück ist das so! Ließe sich unser Liebesleben am Schreibtisch analysieren und vorhersagen, dann wäre der Zauber, den jede Liebe für sich hat, die Einzigartigkeit, das Geheimnis, kein Geheimnis mehr. Liebe und Sex sind glücklicherweise nicht wie ein Film, den man schon tausend Mal gesehen hat und bei dem man jedes Wort mitsprechen kann. Das Drehbuch wird immer wieder neu geschrieben und neu inszeniert. Und deshalb stimmt es nicht ganz, wenn im Untertitel dieses Buches »*Alles* über Liebe und Sex« steht.

Was du hier findest, sind Liebeserlebnisse, Erfahrungen und Ansichten anderer Mädchen und Jungen, Fakten über deinen Körper und Geschichten aus anderen Kulturen. Du liest, wie ganz unterschiedliche Mädchen »das erste Mal« ganz unterschiedlich erlebt haben – das erste Mal beim Frauenarzt, die erste Liebe, der erste Sex. Du erfährst, wie viel Blut du während deiner Periode wirklich verlierst, wie du deine BH-Größe berechnest, wie lange Samenfäden leben und was es mit dem G-Punkt auf sich hat. Und dass es Zeiten und Kulturen gibt, in denen dick sein schöner ist als dünn sein und dass Küssen nicht gleich Küssen ist, sondern in verschiedenen Ländern Unterschiedliches bedeutet.

Eigene Erfahrung aber lässt sich nicht aus Büchern anlesen und von keinem noch so schlauen Denker auch nur annähernd voraussagen. Selbst Profis in Sachen Liebe erleben immer noch Geschichten, die ihnen den Atem verschlagen, und erfahren immer wieder aufregende Neuigkeiten, von denen sie bisher keinen Schimmer hatten.

Dieses Buch zeigt, wie verschieden der Körper sein kann, wie unterschiedlich Sex erlebt werden kann und was es an Weisheiten und Möglichkeiten gibt, sich in der Welt der Liebe orientieren und bewegen zu können. Viel Spaß beim Auswählen und Gucken, was für dich passt und wichtig ist.

Elisabeth Raffauf,
im Januar 2008

Star und Sternchen

»Wer bin ich?« Gute Frage, schwere Frage. Ganz schön philosophisch jedenfalls. Vielleicht hast du sie dir schon einmal gestellt und versucht, dich selbst zu charakterisieren:

14 Jahre, groß und kräftig, rot gelockte Haare, trage immer einen langen Ledermantel, ein ausgefallenes Piercing, ein neues Tattoo, bin am liebsten mit Älteren zusammen, höre Heavy Metal und schreibe Gedichte.

Oder:

13 Jahre, blonde, halblange Haare, schlaksig, oft nervös, liebe Pferde und Dinosaurier und habe einen kleinen Bruder, der mich oft zur Weißglut treibt.

Oder:

12 Jahre, kurze, dunkle Haare, klein, meist ruhig, zeichne gerne Mangas, ärgere mich, dass ich immer auf meine Geschwister aufpassen muss, und wünsche mir dringend eine Freundin.

Wahrscheinlich bist du noch ganz anders als diese drei. Denn Mädchen sind verschieden und das ist auch gut so.

Immer wieder fragen sich Leute öffentlich in Zeitschriften, Umfragen, wissenschaftlichen Abhandlungen: Wie sind denn eigentlich die Mädchen von heute? Und dann geraten die Forscher, Schreiber und Gelehrten auch direkt in Erklärungsnot. Denn es gibt keine allgemeingültige Antwort. Jedes Mädchen ist anders und damit auch einzigartig.

Es gibt die politisch Interessierten, die Desinteressierten, die Punkigen, die Modebewussten, die Dicken, die Dünnen, die mit Freund und die ohne, die mit Pferd, die mit Kuscheltier, die Fernsehjunkies, die Outdoorfreaks, die Musikerinnen, die Sportlerinnen … und alle sind ganz besonders. Du bist ein Mädchen und das ist gut. Fertig.

Wie du bist, wie du dich siehst und wie andere dich sehen, das ist auch längst nicht jeden Tag gleich. Mal bist du die Königin der Samstagnacht, mal das nach Aufmerksamkeit dürstende Mauerblümchen, mal die kleine Maus, die verzweifelt ihr Mauseloch sucht. Es gibt kein Richtig oder Falsch, kein Normal oder Unnormal – alle Seiten, alle Stimmungen, alle Ecken und Kanten haben ihren Reiz und ihre Berechtigung. Sie sind alle okay und gehören zu dir als ganzer Person.

Schönheit und Pickel

Was siehst du, wenn du morgens in den Spiegel schaust?

Einen verträumten Schlafzimmerblick, deine kräftigen braunen Locken, deine markante Kleopatranase, deine vollen, geschwungenen Lippen und deine Grübchen, die dein Lächeln so unverwechselbar machen?

Oder siehst du verquollene Augen, strähnige, zerzauste Haare, die zu groß geratene Hakennase, die du von deinem Vater geerbt hast und die nun dick und fett in deinem pickeligen Pfannkuchengesicht prangt?

Es ist dasselbe Gesicht und trotzdem kommt es dir ganz unterschiedlich vor: An einem Morgen schaut dir ein schöner Schwan entgegen und am nächsten ein hässliches Entlein. Ursache für diese Wahrnehmungsunterschiede ist nicht ein spontan verändertes Sehvermögen. Gründe könnten eher deine Guten-Morgen-Laune, dein momentaner Mut zur Selbstliebe oder auch deine gehässigen Klassenkameradinnen sein.

Morgens mit Power aufzustehen, sich wie Schneewittchen als die Schönste im ganzen Land zu fühlen und seinem Spiegelbild aus vollem Herzen zu sagen: »Du bist toll, du bist hübsch, du bist gut, so wie du bist«, ist klasse und gibt Energie für den Tag. Aber leider ist es manchmal nicht ganz einfach, sich selbst so zu sehen. Wenn ein dicker Pickel auf deiner Stirn sprießt, die Haare wie ölige Spaghetti am Kopf herunterhängen, die letzte Mathearbeit verhauen ist, deine Mutter an dir herumnörgelt, weil sie dich frech und undankbar findet, und

germany's next Topmodel

germany's next Topdackel

dann noch Ärger mit den Mädels aus deiner Klasse hinzukommt, ist es kaum verwunderlich, wenn dich morgens das Entlein begrüßt.

Die Meinung anderer lässt niemanden auf Dauer kalt. Was deine Eltern, deine Geschwister, deine Freundinnen und Freunde von deinem Aussehen und deiner Figur halten und dir mit oder ohne Worte vermitteln, ist vielleicht manchmal wichtiger, als dir lieb ist. Selbst wenn du jemand bist, der sich betont anders gibt und extra im Gruftie-Look herumläuft, weil deine Eltern das nicht mögen, ist dir das Urteil deiner Außenwelt nicht egal. Wir alle wollen schön sein und blühen auf, wenn man uns signalisiert, attraktiv zu sein.

Aber: Was ist überhaupt »schön«? Eine rote Rose in voller Blüte, ein Kätzchen mit weichem Tigerfell, Leonardo da Vincis *Mona Lisa*, ein mit Edelsteinen besetzter Ohrring oder das Mädchen aus der Parallelklasse mit der sanft gebräunten Haut, den langen, dunklen Haaren, das aussieht, als wäre es gerade dem neuesten H&M-Werbeplakat entsprungen? Der deutsche Philosoph Arthur Schopenhauer fand übrigens, Schönheit sei »ein offener Empfehlungsbrief, der die Herzen im Voraus für uns gewinnt«.

Eins ist klar: Äußere Schönheit kann man sehen, und zwar sofort. Ein einziger Blick, und schon transportiert unser Sehnerv die Bildinformation direkt ans Gehirn, und das macht umgehend Meldung: »Wow!«

Schönheit mit deinem Blick

Was findest du schön, wenn du dich umschaust oder dich selber anschaust?

Vielleicht musst du nach deinem eigenen Blick erst mal länger suchen. Womöglich hat er sich in der hintersten Besenkammer deines Bewusstseins versteckt, und die ganzen Bilder, die du von außen aufnimmst, haben sich davorgedrängelt. Es ist manchmal nicht so genau auseinanderzuhalten, ob man den neuen Superstar anhimmelt, weil man ihn wirklich gut findet oder weil es ein ungeschriebenes Gesetz gibt, das lautet: »Das ist der Superstar, den muss ich gut finden, wenn ich dazugehören will.« Und wer möchte das nicht, dazugehören?

Wenn du jetzt mal versuchst, alle äußeren Bilder beiseitezuschieben, dich wieder vor den Spiegel stellst und fragst: »Was gefällt mir an mir?« – wetten, dass dir etwas einfällt, an deinem Äußeren und an deinem Charakter sowieso? Deine vollen Haare, deine lachenden Augen, deine rosigen Wangen, deine zarten Hände oder, oder, oder … Und welche Eigenschaften an dir, welche Facetten deiner Persönlichkeit magst du besonders gerne?

Was gefällt dir an anderen?

Was findest du wirklich schön an deiner Freundin, und welcher Typ interessiert dich, wenn du nicht darüber nachdenkst, wen die anderen gut finden? Nur ganz allein dein Geschmack: Ist es ein Mädchen aus dem Hip-Hop-Kurs mit blonden, langen

Haaren, blauen Augen, schlanken Hüften, die sich bewegt wie ein Engel, der gerade vom Himmel gestiegen ist? Oder sind es die frechen Sommersprossen, die markante Nase, die strahlenden Augen, die dich unverwandt ansehen und dein Herz berühren? Vielleicht ist es auch eine Mischung aus beidem.

Was gefällt dir speziell an Jungs?

Um die Schönheit von Jungs zu messen, gibt es offenbar ein anderes Maßband als für die Schönheit von Mädchen. Und das wiederum hat magische Eigenschaften, es kann nämlich in ihr Inneres hineingucken. Die Bewertungskriterien der männlichen Schönheitsskala sind irgendwie sehr viel differenzierter als die der weiblichen: Bei Jungs misst das Metermaß auch Werte wie Stärke, Coolness und Persönlichkeit. – Gucken Mädchen und Frauen anders, wenn sie Jungs beurteilen? Oder ist es eine Sache unserer Kultur, in der Jungs für andere Dinge zuständig gemacht werden und wir ihre »Schönheit« an der Erfüllung dieser Rollen instinktiv beurteilen und dabei eine krumme Nase gerne übersehen?

Siba, 21 »Als ich ihn kennenlernte, fand ich ihn cool. Er hat in einer Band gespielt und war im Freundeskreis meiner Meinung nach ›einzigartig‹. Er sah etwas ausgeflippter aus und ich fand ihn einfach schön. Dazu kam seine Art mir gegenüber. Mit anderen Worten: Ich fand die Persönlichkeit und das Aussehen schön. Wobei das Aussehen auch oft durch die Persönlichkeit aufgewertet wird.«

Liebe auf den ersten Blick

»Wir sahen uns in der Eisdiele und es war Liebe auf den ersten Blick.«

So oder so ähnlich beginnt manche Liebesgeschichte, und wir können uns dann ausmalen, wie romantisch die Sache weitergeht, wie die zwei sich näher kommen und sich verlieben und umarmen und küssen und später mal heiraten …

Was sehen Fremde zuerst, wenn sie uns anschauen? Sicher nicht die inneren Werte und die Tatsache, dass wir gut Kuchen backen können und unserer Freundin immer bei den Hausaufgaben helfen. Deshalb haben wir ein Riesenproblem, wenn wir nicht auch äußerlich »schön« sind. Woran soll der Mensch unseres Herzens denn unsere inneren Werte so schnell erkennen?

Johnny, 20 »Mir hat am besten ihr Gesicht gefallen, irgendwie auch ihr ganzer Körper. Es passte alles zusammen, es war ein schönes, harmonisches Bild.«

Wer oder was ist schön?

Was in unserer Kultur als schön gilt, das wissen schon 10-Jährige Jungen sehr genau:

Hendrik, 10 »Für mich sind Mädchen schön, wenn sie lange Haare haben, hübsche Klamotten und gepflegte Haut, nicht stinken, keine Pickel haben …«

Models gelten als schön, und wenn du genau hinschaust, wirst du feststellen: Sie haben fast alle lange Haare, lange Beine und sind schlank. Auch *Miss Germany* oder *Miss World* sehen so aus und die Schauspielerinnen in den Vorabendserien sind ebenfalls eher jung und schlank und langhaarig …

Was, wenn man eine Umfrage machen würde: »Wen und was finden Sie schön?«

Eigentlich müssten doch ganz verschiedene Sachen dabei herauskommen: »Ich steh auf Brünette«, »Ich mag dicke Beine«, »Mir gefallen die kleinen Porzellan-Puppen-Ohren am besten« und so weiter. »Die Geschmäcker sind verschieden«, heißt es ja, und »schön ist eigentlich alles, was man mit Liebe betrachtet«, schrieb der deutsche Dichter Christian Morgenstern.

Das hat Herr Morgenstern schön gesagt. Schaut man sich die Ergebnisse von Schönheitsstudien an, könnte man allerdings meinen, es gelte die genaue Umkehrung des Satzes: »Man betrachtet mit Liebe, was schön ist.«

Viele Menschen, die sich gar nicht kennen und auch nicht abgesprochen haben, scheinen sich einig zu sein: Forscher haben Versuchspersonen verschiedene Gesichter vorgelegt und von den meisten wurden dieselben als schön bezeichnet. Die Kriterien sowohl für Frauen als auch für Männer stehen demnach fest, als gäbe es eine geheime, übergeordnete Steuerung unseres Geschmackszentrums im Gehirn. Frauengesichter, die als »schön« gelten, sollen demnach glatt und makellos sein und sie sollen »kindchenhaft« wirken – das bedeutet, sie sollen aussehen wie Kindergesichter: großer Kopf, große, dominante, gewölbte Stirn, große Augen, kleine, kurze Nase, runde Wangen und kleines Kinn. Wenn jemand so aussieht, empfinden wir das als niedlich und süß. Schöne Männer unterscheiden sich laut Studie vor allem in drei Punkten von unattraktiven: einen breiten, kräftigen Unterkiefer, ein markantes Kinn und volles Haar.

Bei Schönheitswettbewerben finden sich in der Endrunde fast nur noch Frauen mit besonders kindlichen Gesichtszügen. Forscher haben sich daraus einen Spaß gemacht und den Glauben an die wahre, makellose Schönheit entlarvt: Sie haben aus den Endrundenteilnehmerinnen der *Miss-Germany*-Wahl 2002 am Computer ein virtuelles Gesicht entwickelt, das in einer Umfrage als deutlich attraktiver beurteilt wurde als alle Miss-Kandidatinnen und die gekrönte *Miss Germany* zusammen. Mit anderen Worten: Du kannst dich ganz locker machen. Am Computer ist jedes Gesicht so veränderbar, dass es hinterher als Titelfoto einer Modezeitschrift an allen echten Models vorbeizieht. Das entsprechende Computerprogramm kann mehr als jeder Schönheitschirurg.

Warum ausgerechnet kindliche Schönheit?

Schon immer, auch in vorigen Jahrhunderten, wollten Frauen jünger aussehen und das hat seinen Grund in der Evolution: Es ging um Fortpflanzung. Männer suchten sich junge Frauen, weil sie mit großer Wahrscheinlichkeit gesünder waren als ältere und noch eine längere Periode der Fruchtbarkeit vor sich hatten. So konnte beispielsweise eine jung aussehende 15-Jährige noch mehr Kinder zur Welt bringen als eine älter aussehende 30-Jährige. Das war wichtig, wenn man bedenkt, dass die Menschen früher nur eine Lebenserwartung von rund vierzig Jahren hatten. Die Frauen, die besonders jugendlich aussahen, hatten den Vorteil, dass sie unter mehreren Männern auswählen konnten und nicht den erstbesten nehmen mussten in der Angst, sonst keinen mehr abzukriegen.

Wer oder was ist hässlich?

Was hässlich ist, auch darüber sind sich viele Menschen – sowohl kulturübergreifend als auch individuell – zumindest in ein paar Grundzügen einig. Jedenfalls, wenn man den sogenannten Attraktivitätsforschern glauben will. Sie haben herausgefunden, dass ein symmetrisches Gesicht und eine makellose Haut immer schon die Hauptzutaten idealer Schönheit waren, Asymmetrien und Hautunreinheiten hingegen als tendenziell »hässlich« empfunden werden.

Das Problem ist: An asymmetrischen Verhältnissen in deinem Gesicht, also ob beispielsweise dein linkes Augenlid weiter runterklappt als das rechte, lässt sich nicht direkt etwas ändern. Verbuch es auf jeden Fall unter der Rubrik »persönliche Note«.

Wenn du dir überlegst, was das Schöne an Pickeln sein soll, wird dir sicherlich auch nicht besonders viel dazu einfallen. Zumal sie die unangenehme Eigenschaft haben, ausgerechnet dann aufzutauchen, wenn es um »alles« geht. Wenn du gerade zu einem wichtigen Date mit dem Mensch deiner Träume willst oder ein Vorstellungsgespräch hast oder sonst etwas, wo du auf gar keinen Fall möchtest, dass dein Gegenüber die ganze Zeit auf deinen Pickel starrt und seine oder ihre Erinnerung an dich mit diesem eiternden, roten Etwas in deinem Gesicht verbunden bleibt. Fazit: Pickel sind einfach doof.

Pickel

Den Pickeln nicht zu Leibe zu rücken, ist fast unmöglich, wenn dich ein Eitergebilde aus deinem Spiegelbild frech und dreist anglotzt – womöglich spitzt du automatisch die Finger, um ihm den Garaus zu machen. Aber Vorsicht: Quetschen hilft nur bei wirklich reifen Exemplaren und nur mit Fingern, die du vorher mit einem Tempotuch verkleidest. Ansonst wandern die Bakterien, die bislang unter deinen Fingernägeln gewohnt haben, schnurstracks in die Wunde und die Pickel freuen sich über neue Nahrung und fangen erst recht an zu blühen.

Wenn du dich auf die Suche nach einem geeigneten Pickel-Killer machst, solltest du wissen: Die meisten Pflegemittel der Kosmetikindustrie kannst du bei deinem Kampf gegen die Pickelplage getrost vergessen. Vieles von dem, was dir auf den Etiketten der Produkte versprochen wird, ist reine Show mit dem einzigen Ziel, möglichst viel Geld zu verdienen. Doch du kannst den Werbeleuten ein Schnäppchen schlagen, wenn du ein paar Dinge beachtest, bevor du ins Warenregal greifst und ein womöglich völlig überteuertes Mittel zur Kasse trägst:

1. Weniger ist mehr. Kauf keine Produkte, die sich mit verlockend klingenden Inhalts- und Duftstoffen anpreisen. Wichtig sind vor allem der Hinweis »antibakteriell und entzündungshemmend« sowie der Zusatz »dermatologisch getestet«. Ein altbewährter Wirkstoff, auf den du vertrauen kannst, ist zum Beispiel Zink. Zink wirkt austrocknend, verfeinert die Poren, hat eine antibakterielle Wirkung und hemmt Entzündungen.

2. Greif auf keinen Fall mit Blick auf dein knappes Taschengeld zu billiger, fetthaltiger Schminke, auch wenn sie noch so schön glitzert und schimmert. Es ist wissenschaftlich nachgewiesen, dass minderwertige Kosmetika das ganze Malheur verschlimmern und sogar eine Akne auslösen können. Deshalb lieber Make-ups, Puder und Abdeckstifte verwenden, die speziell für unreine Haut gedacht sind und ebenfalls den Hinweis »antibakteriell« und/oder »nicht komedogen« tragen, d. h. Mitesser und Pickel mildern, statt sie zu verursachen. Solche Produkte müssen gar nicht teuer sein und du bekommst sie in ganz normalen Drogerien. Hochwertige Kosmetika gibt es auch in der Apotheke. Wenn deine Haut wirklich arg von Pickeln gebeutelt ist, solltest du dich dort auf jeden Fall einmal umgucken und von einer netten Apothekerin beraten lassen.

3. Kommt der Tag, an dem du dich beim Blick in den Spiegel hinter all den Pusteln schon fast selbst nicht mehr erkennst und du einfach nur noch frustriert bist, ist es an der Zeit, einen Hautarzt aufzusuchen. Er oder sie wird dein Hautproblem und auch die seelischen Belastungen, die es dir bereitet, sehr gut kennen. Gemeinsam könnt ihr dann überlegen und ausprobieren, mit welcher Therapie, ob mit klassischen Akne-Medikamenten oder homöopathischen Mitteln, dir am besten geholfen ist.

Traumberuf Model

Spätestens seit Heidi Klum in *Germany's next Top Model* öffentlich nach einer Thronfolgerin Ausschau hält, hat es in vielen Mädchenköpfen angefangen zu arbeiten: »Was wäre, wenn …?«, »Eigne ich mich nicht auch …?«, »Könnte nicht auch ich über die großen Laufstege der angesagtesten Metropolen flanieren …?«

Vielleicht hast du die Show gesehen und danach mit deinen Freundinnen die Kleiderschränke geplündert, um auszuprobieren, was euch am besten steht, wer die verrücktesten Kombinationen kreiert und sich am professionellsten präsentiert. Vielleicht habt ihr dabei sämtliche Konkurrenzgefühle umgangen und habt den Platz der Schönheitskönigin immer wieder neu vergeben, je nachdem, ob ihr Outfit, Styling oder Catwalk beurteilt habt.

Kerstin, eine junge Frau, die eine Zeit lang im Model-Geschäft war, viel durch die Welt gereist ist und berühmte Designer kennengelernt hat, sagt im Rückblick: »Das war alles ein Riesenabenteuer. Ein Wahnsinn auf Zeit, aber das war nicht mein Leben, das war gar kein Leben.« Heute modelt sie gelegentlich, um etwas Geld zu verdienen, findet das total in Ordnung, will aber auf gar keinen Fall, wie sie sagt, »mein Verfallsdatum verpassen«.

Klar ist: öffentliche Schönheit hat zwei Seiten, und es ist gut, sie zu kennen, wenn man sich auf den Weg ins Rampenlicht macht.

Der große Schönheits-Bluff

Die Schönheiten, die einen von allen Seiten anblitzen, aus Hochglanzmagazinen, von Plakatwänden, aus dem Fernsehen, von den Laufstegen, vermitteln den Eindruck: Wer so aussieht, dem liegt alles zu Füßen, alle wollen mit einem befreundet sein, ein riesiger Swimming-Pool und viele Verehrer warten zu Hause, man ist begehrt und dauerglücklich.

Was oft dahintersteckt, sieht keiner: Morgens um vier Uhr aufstehen, mit hungrigem Magen durch die Wohnung tigern, den Kühlschrank ignorieren und erst mal eine Stunde Stretching oder Walking oder sonst eine schicke Sportart mit -ing am Ende durchführen. Dann noch mal vorbei am Kühlschrank ins Bad, verzweifelt ins pickelige Gesicht gucken und eine weitere Stunde damit zubringen, zu quetschen, zu säubern, zu überdecken … Du rast ab zum Set, wo du zehn Stunden mit Ausharren und Rumstehen zubringst und Blicken ausgesetzt bist, die ausschließlich auf deine Hüften, deinen Busen und deine Haare gerichtet sind. Kein Schwein interessiert sich dafür, dass du eigentlich gut kochen kannst und ein hilfsbereiter, lustiger Mensch bist, der am liebsten mit seinen Freundinnen Witze erzählt und tanzen geht. Kleiner Schönheitsfehler: Die Freundinnen sind alle längst los und haben ihren Spaß. Der Bluff ist: Nur du weißt, wie dein Magen knurren muss, damit du in Hosengröße 34 reinpasst, wie viel Kaugummis du gegen Mundgeruch verbrauchst und wie scheußlich es bei dir zu Hause aussieht. Alle anderen denken: Du bist dauerglücklich.

Das ist die harte Seite des Geschäfts. Auf der anderen lockt das große Abenteuer. Einzelnen Zähen, Strapazierfähigen, die es an die Spitze schaffen, winken auch Blitzlichtgewitter, Erfolg und Geld. Ein Leben aus dem Koffer zu führen, in fremde Länder zu reisen, viele interessante Menschen kennenzulernen – das kann für eine Zeit lang ein Lebensstil sein, der total spannend ist und deinen Horizont um viele Erfahrungen erweitert.

Der Blickwinkel macht's

Ein Hersteller von Körperpflegeprodukten hat sich das Idealbild von der überschlanken jungen Frau wohltuend zunutze gemacht. Die Werbeleute haben die Sache umgedreht: Ganz normale Mädchen und Frauen, mit ganz normalen Bäuchen und natürlichen Brüsten haben sie auf ihr Werbeplakat gedruckt und dafür einen Riesenzuspruch bekommen. Das zeigt: Es gibt auch noch etwas anderes. Das Leben ist schön, auch wenn man nicht gertenschlank und makellos aussieht.

Mal so, mal anders

Schönheitsideale variieren. In der Renaissance zum Beispiel galt ein Doppelkinn als sexy und das »Vollweib« mit breiten Hüften und gewölbtem Bauch war angesagt. Das ist vielerorts immer noch so: In den meisten Gesellschaften rund um den Globus wird weibliche Attraktivität mit einem fülligen Körper in Verbindung gebracht. – Woher diese unterschiedlichen Schönheitsideale kommen? Das liegt am Verhältnis von Mangel und Überfluss: Wo die Versorgungslage unsicher ist, wo es nicht an jeder Ecke Pommes, Döner, Hamburger und Würstchen zu essen gibt, wird Fett zum Statussymbol. Und umgekehrt: Im Überfluss schwärmt man von schlanken Körpern.

Aussehen wie ...

»Du siehst ja genau aus wie deine Mutter, als sie so alt war wie du!« – Sicher hast du solche oder ähnliche Kommentare schon mal von Verwandten oder Freunden deiner Eltern gehört. Das Interessante daran ist der Ton, in dem sie diesen Satz sagen. Meist kommt er voller Entzücken über ihre Lippen, so als wärst du die Inkarnation deiner Vorfahren und damit die Garantin dafür, dass die schöne Jugendzeit der sich Erinnernden nicht gänzlich vorbei ist, sondern durch dich weiterlebt.

So könnte das Entzücken klingen. Aber wie ist es für dich selber, so auszusehen wie jemand anders? Und was ist das genau Gleiche? Sind es die Augen, die Grübchen, die zarten Arme oder die kräftigen Oberschenkel? Aus dem Freudentaumel der in Nostalgie schwelgenden Erwachsenen ist das meist nicht so präzise herauszuhören. Klar ist: Du hast etwas geerbt, das deine Mutter auch schon hatte, und diese alten Bekannten sind begeistert.

Und du? Vielleicht umfängt dich etwas Befremdliches darüber, wie Außenstehende plötzlich so viel Vertrautes in dir entdecken. Du hättest vielleicht lieber das ebenmäßige Gesicht und die dicken, schwarzen Locken deines Vaters gehabt als die kräftigen Oberschenkel deiner Mutter oder deiner Oma. Vielleicht empfindest du das Wiedererkennungsgeheul aber auch als Zeichen, dass du etwas Markantes, das eurer Familie eigen ist, weiterträgst. Vielleicht findest du deine Mutter hübsch und fühlst dich ihr zugehörig und weißt zugleich, dass du unverwechselbar bist.

Lina, 12 »Ich höre das sehr oft, dass Menschen, die meine Mutter als Kind kannten, in Begeisterungsstürme verfallen, wenn sie in mir die Ähnlichkeit zu ihr entdecken. Und ehrlich gesagt: Es macht mich stolz. Es macht mich stolz, weil ich meine Mutter sehr mag und finde, dass sie gut aussieht, und weil ich in dieser Reihe stehe.«

Verwandlung macht Spaß

Wenn du Spaß daran hast, dich zu verwandeln, mal als Diva, mal als Punk herumzulaufen, oder auch einfach daran, das Schöne an dir zu entdecken und besonders zu betonen, gibt es unbegrenzte Möglichkeiten. Schminken, Haare färben, Locken drehen, Klamotten tauschen, Stöckelschuhe probieren … Keiner hat verboten, sich vor dem Spiegel zu drehen und sich selbst zu gefallen.

Mag sein, dass du dich in die Körperkunst der »wilden« Völker verliebt hast, die sich Ringe und Knöpfe durch Ohren, Nase, Brustwarzen und Lippen ziehen. Wenn das so ist, musst du allerdings einiges beachten, bevor du ein Piercing-Studio betrittst. Denn die Sache ist nicht ganz ungefährlich: Die Löcher können sich entzünden, Narben bleiben und es können Allergien entstehen. Das heißt, bereite die Sache gut vor. Sprich mit deinen Eltern. Bist du unter achtzehn Jahre alt, brauchst du sowieso ihre Einwilligung. Bitte sie um Hilfe, ein seriöses Piercing-Studio auszuwählen oder einen kompetenten Hautarzt zu finden, der Körperschmuck gegenüber offen ist.

Wenn du dich gern immer wieder neu verwandelst, helfen aber auch schon Accessoires, für die du keine Löcher brauchst, Strass-Knöpfe zum Aufkleben oder Magnet-Ohrringe zum Beispiel. Auch Tattoos, die du dir aufkleben kannst, gibt es ja zuhauf, so dass du nicht gleich deinen Oberarm oder deine Hüfte fürs Leben mit einer Schlange verheiraten musst.

Richtig gucken

> » Nicht die Schönheit entscheidet, wen wir lieben, sondern die Liebe entscheidet, wen wir schön finden. «
> Victor de Kowa, deutscher Regisseur, Erzähler und Schauspieler

Gibt es sie vielleicht doch, die Schönheit von innen, die sich auch außen zeigt, oder den Röntgenblick mitten hinein ins Herz? Aber klar! In der Eisdiele, auf der Straße, in der Bahn – überall kann er einen treffen. Das behauptet jedenfalls die Künstlerin Gaby Ludwig:

> » Innere Schönheit kann man anhand von Gefühlsregungen auch außen sehen. Wenn jemand traurig ist, kann dieser Mensch schön sein, weil traurige Augen Gefühl zeigen. Dann entwickelt man ein Mitgefühl mit diesem Menschen und entdeckt seine Schönheit und fühlt

sich angezogen. Das kommt natürlich von innen. Je-
mand, den man mag oder den man auf irgendeine Weise
bewundert, sieht gut aus. Ob ich nun finde, dass der toll
turnen kann oder singen oder sonstwas, dann finde ich den
schön, einfach, weil er etwas besonders Schönes macht,
was ich vielleicht nicht so gut kann. Und dann übersieht
man auch einen dicken Bauch. Man sieht einfach die tol-
len Lippen oder die tollen Augen. **«**

Auf den ersten Blick ist also tatsächlich mehr zu sehen als deine Haarlänge, dein Hüftumfang und deine Gesichtsoberfläche.
Das sagen nicht nur Künstler, sondern auch Jugendliche auf
die Frage: »Als du dich verliebt hast, was hat dir an dem oder
der anderen gefallen?«

Siba, 21 *»Ich fand bei meinem Freund vom ersten*
Augenblick an die Augen schön. Die waren so durchdrin-
gend und verrieten, dass er in mich hineinsah und mich
nicht so sah wie andere, die dann direkt Vorurteile über
mich fällten, ohne mich zu kennen.«

Du selber sein

Künstliches wirkt auch künstlich, das wissen und spüren viele
Kinder und Jugendliche, wenn sie über die Frage nachdenken,
was Schönheit eigentlich ist:

Marie, 11 *»Wenn man schön sein will, dann muss*
man man selbst sein. Wenn man verliebt ist, finden viele

Jungen es ja auch schöner, wenn man so ist, wie man ist, und nicht extra ganz toll auftritt.«

So sein, wie man ist, das kann total verschieden sein. Vielleicht bist du mal eine gute Freundin, mal eher eine Zicke, mal hast du Lust, dich zu schminken und zu stylen, mal gehst du in löchrigen Jeans und ungekämmt aus dem Haus. Das gehört alles zu dir und es ist okay.

Daraus folgt: Wenn du dich selbst auf Entdeckertour nach der Schönheit, die dich begeistert, machst, gibt es nur eins – die Augen aufhalten und den Röntgenblick ausfahren!

Ugly

When I was seven they said I was strange
I noticed that my eyes and hair weren't the same
I asked my parents if I was OK
They said you're more beautiful and that's the way
They show that they wish that they had your smile
So my confidence was up for a while
I got real comfortable with my own style
I knew that they were only jealous 'cos

People are all the same
And we only get judged by what we do
Personality reflects name
And if I'm ugly then so you are
So you are

Song: Sugababes

Als ich sieben war, sagten sie, ich sei komisch
Ich bemerkte, dass meine Augen und meine Haare anders
waren
Ich fragte meine Eltern, ob ich o.k. bin
Sie sagten, du bist schöner, das ist es
Sie zeigten mir, dass sie sich wünschen, dass ich
fröhlich bin
So war mein Vertrauen für eine Weile oben
Ich wurde richtig zufrieden mit meinem eigenen Stil
Ich wusste, dass sie nur neidisch waren, denn

Menschen sind alle gleich
Und wir werden nur beurteilt nach dem, was wir tun
Die Persönlichkeit spiegelt den Namen wider
Und wenn ich hässlich bin, dann bist du's auch
Bist du es auch

Freundinnen und Zicken

Mädchen gehen manchmal zu zweit aufs Klo. Vielleicht hast du das selbst schon gemacht oder hast mal zwei Mädchen beobachtet, die sich zuzwinkern oder mit Händen und Füßen Zeichen geben. Plötzlich stehen sie in geheimem Einverständnis vom Tisch auf oder lösen sich aus einer Gruppe auf dem Schulhof und stürzen kichernd in Richtung Toilette, um dann beide hinter derselben Klotür zu verschwinden … Was machen die da?

Hannah, 11 »*Wir haben Geheimnisse ausgetauscht.*«

Mira, 11 »*Wir haben über Jungs geredet.*«

Rebekka, 12 »*Wir machen das zum Beispiel auch, wenn eine unbedingt etwas von der Freundin wissen möchte über die Tage. Wir geben uns dann gegenseitig Tipps, denn ich trau mich nicht, das meine Mutter zu fragen.*«

Es ist völlig klar und für jeden sichtbar: Mit Freundinnen, das ist etwas ganz Besonderes, Privates, das gehört nur den beiden allein. Das ist ein eigener Kosmos im Kosmos – für alle anderen unerreichbar. Diese Welt haben sie sich geschaffen und da kommen auch nur sie hinein. Mit anderen Worten: Sie sind zwar zwei, aber eigentlich sind sie eins.

»Freundschaft ist eine Seele in zwei Körpern«, fand auch schon der griechische Philosoph Aristoteles und der befasste sich tagtäglich mit Gedanken über Menschen und deren Sinn und Dasein. Er wusste: »Ohne Freunde möchte niemand leben, auch wenn er die übrigen Güter alle zusammen besäße.«

Bei einer Freundin kannst du deinen Ärger loswerden, wenn deine Eltern dich zur Weißglut gebracht haben, weil sie wieder deine kleine Schwester gelobt und dich kritisiert haben. Sie versteht deine Traurigkeit darüber, dass der Junge deines Herzens im Eiscafé gesessen hat – und zwar nicht mit dir, sondern mit Nadine aus eurer Parallelklasse. Eine Freundin hört dir zu, kennt vielleicht ähnlich frustrierende Erlebnisse, tröstet dich, du kannst dich bei ihr anlehnen und sie ihrerseits erzählt dir von ihrem ersten Date oder ihrer letzten Enttäuschung.

Jemanden zu haben, mit dem du deine innersten Gedanken teilen kannst, der deinen Kummer mindestens halbiert, weil er davon was auf seine Schultern packt, und der auf deine Luftsprünge noch einen doppelten Salto setzt, ist ein wunderbares Gefühl. »Ich bin liebenswert«, »Ich bin nicht allein«, funkt es durch den ganzen Körper.

Maike, 16 »Freundinnen sind sehr wichtig. Seit ich meine beste Freundin durch Vertrauensbruch verlor, fehlt sie mir sehr. Was mir am meisten fehlt, ist, dass wir viel gemeinsam unternommen haben. Und … na ja, es ist einfach sie, die mir fehlt. Unser Kontakt war eigentlich sehr stabil. Wir haben uns fast jeden Tag gesehen und uns kaum gestritten, denn wir teilten alle Geheimnisse und Interessen miteinander.«

Freunde finden

Freunde und Freundinnen sind einem nicht in die Wiege gelegt wie Eltern oder Geschwister, mit deren Schicksal du zwangsläufig untrennbar verbunden bist, egal ob du willst oder nicht. Freunde und Freundinnen suchst du dir selbst aus – das ist das Geniale an ihnen. Gleichzeitig ist genau dies aber auch eine Schwierigkeit. Nicht in jeder Klasse sitzt eine, die nur auf dich gewartet hat und sich sofort mit dir zusammenfügt wie eineiige Zwillinge. Und wenn da keine sitzt, auf deren Stirn schon dein Name geschrieben steht, dann kann das in manchen Momenten den Eindruck erwecken, als sei der Fund einer wirklich guten Freundin etwa so häufig wie die Chance, sechs Richtige im Lotto zu haben.

In dem Gewühl von Menschen, denen du begegnest, ist es nicht einfach, die Richtige herauszupicken, auf sich aufmerksam zu machen und sich wirklich anzufreunden. Das heißt: Irgendwohin zu kommen, in eine neue Klasse, eine neue Stadt, eine neue Jugendgruppe, und dort direkt eine Freundin fürs Leben zu finden, ist ein Riesenglück, das dir zufallen kann, aber nicht zwangsläufig muss. Wenn du dich offen und interessiert zeigst, hast du aber gute Chancen, nicht als Mauerblümchen zu enden. Manchmal ergeben sich Freundschaften auch aus zufällig gemeinsam entdeckten Interessen, Schulwegen oder Schicksalen.

Auch wenn du nicht auf Anhieb eine Engste, Beste, Tollste für dich findest, ist das noch lange kein Grund, an deiner Person und deiner Liebenswürdigkeit zu zweifeln und zu denken, dass alle eine Busenfreundin haben, nur du nicht. Hast du den

Eindruck, auf dem Schulhof außer dir nur Grüppchen und Pärchen wahrzunehmen, wie sie flüstern und lachen und alles zusammen machen und scheinbar unzertrennlich sind – lass dich nicht von der Innigkeit blenden, die dir entgegenschlägt. Erstens: Die Streitigkeiten und Schwierigkeiten, die sie sicher auch haben, bekommst du von außen gar nicht mit. Zweitens: Morgen sieht die Innigkeit bei manchen schon wieder anders aus und sie lästern übereinander und gehen getrennte Wege.

Überleg mal, welche verschiedenen Gruppen es allein in eurer Klasse gibt: Da ist die Gruppe der Handballerinnen, die Gruppe der Lateinlernenden, die Gruppe jener, deren Eltern getrennt leben, die Gruppe derjenigen, die weite Schulwege haben ... Je nach Blickwinkel setzen sich Gruppen ganz unterschiedlich zusammen und wenn man mit einzelnen darüber spricht, kennt jeder das Gefühl, irgendwo nicht dazuzugehören.

Eine Typ-Frage

Eine Freundin kannst du nicht im Internet bestellen. Aber du kannst dich auf die Suche machen und Gelegenheiten zum Kennenlernen, zu gemeinsamen Aktionen mit Gleichgesinnten schaffen. Verrückterweise begegnen einem immer wieder Menschen, die nur in eine Gruppe treten müssen, und schon erobern sie alle Herzen im Sturm. Wenn du zu diesen Sonnenscheinen gehörst, hast du es von Natur aus leichter als manch andere, aber du musst dich genauso darum kümmern, dass sich aus der ersten Begegnung eine Freundschaft entwickelt. Vielleicht bist du aber auch jemand, auf den nicht alle gleich fliegen, wenn sie irgendwo auftaucht, das kann dir das Kontaktknüpfen etwas schwerer machen. Das Positive daran ist, dass du nicht direkt im Mittelpunkt des Geschehens stehst und erst mal in Ruhe die Lage und die anderen Leute prüfen kannst. Vielleicht ist jemand für dich dabei? Eins jedenfalls ist klar: Man muss nicht von allen gemocht werden. Einzelne, mit denen man auf einer Welle liegt, reichen völlig aus. Auch du findest ja nicht alle überwältigend und das musst du auch gar nicht.

Je nachdem, wie du »tickst«, gibt es ganz verschiedene Möglichkeiten, sich mit den anderen bekannt zu machen und zunächst Gleichgesinnte, dann Freundinnen zu finden. Wobei »Gleichgesinnte« ruhig Leute mit ganz unterschiedlichen Ansichten und Interessen sein können. Dann ist euch vielleicht gemeinsam, dass ihr gern leidenschaftlich diskutiert und Themen aus ganz verschiedenen Blickrichtungen betrachtet.

Wenn du jemanden kennenlernen möchtest, ist es erst mal wichtig, sich in seine oder ihre Nähe zu begeben, Interesse zu signalisieren, Fragen zu stellen, Hilfe anzubieten und auch deine Stärken zu zeigen. In der Klasse kannst du dich einbringen, indem du deine Talente zeigst: Leckere Dips oder Cocktails für ein Klassenfest mixen, eine Musikanlage organisieren oder Hilfe bei Hausaufgaben anbieten zählt genauso wie eine gute Fähigkeit, mit Lehrern über Konflikte zu reden.

Kannst du dir mit niemandem aus deiner Klasse eine Freundschaft vorstellen, schau dich woanders um. Im Judo-Verein findest du auf jeden Fall Leute, die gern Judo machen, und wenn du auf dem Schulhof genau hinschaust und hinhörst, entdeckst du Leute, die vielleicht auch echte Leseratten sind oder leidenschaftliche Kinogänger. Oder du findest eine, die wie du Spaß an Mode, Styling und Schminken hat und gerne tanzen geht.

Zwei sind eine zu viel

Angenommen, ihr seid eine Dreierclique. Drei Freundinnen, die immer zusammen sind und Spaß daran haben, überall als Trio aufzulaufen. Ihr steht als Trupp auf dem Schulhof zusammen, geht zu dritt ins Kino, und ihr bequatscht zu dritt die Lehrerin, damit sie eine Prüfung verschiebt. Als Gruppe fühlt ihr euch stark, versprüht Kraft und habt viel zu lachen.

Es gibt allerdings noch eine andere Seite des Trios: Vielleicht ist es dir schon passiert, dass sich die anderen beiden ohne dich treffen, sie gehen zu zweit schwimmen oder auf ein Konzert, während du zu Hause hockst, nicht rauskommst und dir ausmalst, wie viel Spaß die beiden jetzt ohne dich haben und welche Geheimnisse sie austauschen, von denen du nie erfahren wirst. Vielleicht reden sie über dich, oder schlimmer, lästern sogar. Was tun?

Da gibt's nur eins: Die Flucht nach vorn. Pack deinen ganzen Mut zusammen, lad die beiden zum Tee ein und sprich sie darauf an. Wahrscheinlich wirst du, wenn ihr euch ehrlich darüber unterhaltet, feststellen: Die anderen haben die gleichen Ängste. Jede von euch dreien hat mal das Gefühl: »Hilfe, die zwei sind untereinander dicker befreundet als mit mir; ich bin nur das fünfte Rad am Wagen.« Also, raus mit der Sprache, wenn du unsicher bist. Schließlich ist es ganz normal, dass eine mal nicht kann, und dann ist es für jede gut, wenn noch eine andere da ist, mit der es sich die Zeit versüßen lässt.

Mehr als eine Freundin zu haben, kann Freundschaften auch sehr entlasten. Du kannst deine verschiedenen Bedürfnisse auf mehrere Schultern verteilen und musst nicht von einer Freundin alles erwarten. Mit einer kannst du gut reden, mit einer anderen gut Fußball spielen, mit einer dritten vielleicht gut Mathe üben und eine vierte teilt dein Interesse für Politik. Ihr malt zusammen Plakate und geht auf die Demo gegen Rechts. Keiner kann alles bieten und muss es auch nicht.

Zickenalarm

Freundinnen sind nicht einfach nur da und bleiben es bis in alle Ewigkeit. Beziehungen verändern sich. Manche Mädchen sind vom Kindergarten an zusammen, andere Freundschaften sind noch »frisch« und gehen wieder auseinander und zwischendurch machen sich zwei Freundinnen auch mal das Leben zur Hölle. In so einem Freundschaftstief findet dann die eine über die andere: »Die ist aber zickig.«

Was sich wie ein Todesurteil anhören kann, ist in der Wortbedeutung gar nicht unbedingt negativ. »Zicken« sind kleine Ziegen, und denen sagt man nach, dass sie störrisch sind und nicht so geschmeidig und einfach wie etwa Lämmlein. Wenn sich eine »zickig« anstellt, dann will sie nicht so wie andere.

Unter Freundinnen kann das ziemlich blöd und problematisch sein: Sie verleiht ihre Sachen nicht, obwohl sie selbst gern zum Lipgloss der anderen greift und ständig Kaugummis schnorrt. Sie weigert sich auf Teufel komm raus, mit ins Kino zu gehen, und klebt stattdessen lieber stundenlang im Café. Sie macht nicht mit beim Streik gegen zu viele Hausaufgaben oder sie mobbt andere regelrecht, weil deren Klamotten nicht so cool sind, wie sie ihrer Meinung nach sein sollten. – Das alles können Zicken sein, manchmal nervig, manchmal sehr enttäuschend. Und wenn es deine eigene Freundin ist, die plötzlich zickt und dich ausgrenzt, dann ist dein Vertrauen erst mal gründlich im Keller.

Was tun, um Freundschaften zu erhalten?

Wenn du an deiner Freundin zweifelst, an ihrer Zuverlässigkeit dir gegenüber, daran, dass sie deine Geheimnisse für sich behält und da ist, wenn du mit deinen Eltern Stress hast, kann dir das wie ein Messer ins Herz stechen.

Wenn Freundschaften zerbrechen, ist es, als ginge ein Teil von dir. Deshalb lohnt es sich, etwas dagegen zu tun. Was ist los mit deiner Freundin? Im Zweifel frag sie unter vier Augen, benenn deine Ängste und äußer deine Kritik. Das ist natürlich leichter gesagt als getan, aber der wohl einzige Weg, herauszubekommen, warum sie sich so anders benimmt. – Hast du dich in deiner Wahrnehmung getäuscht und hat sie niemals mit dem Gedanken gespielt, der Welt zu verkünden, dass du unsterblich in Tom aus der Nachbarklasse verliebt bist? Oder hat sie tatsächlich schon Plakate drucken lassen und eine andere Freundin angeheuert, ihr beim Plakatieren zu helfen?

Um ein solches Gespräch zu beginnen, musst du vielleicht einiges Herzklopfen überwinden, aber in den meisten Fällen wirst du Klarheit bekommen. Selbst wenn du keine offene und ehrliche Antwort erhältst, kannst du herausfinden, ob dein Gefühl hinterher immer noch so wackelig ist oder ob es vielleicht nur ein Missverständnis war, das dich verunsichert hat. Wenn ihr über etwas Heikles oder Schwieriges gut habt reden können, euch vielleicht sagen konntet, dass es sich komisch anfühlt, wenn die andere auf dem Schulhof immer mit einer aus der Nachbarklasse tuschelt, dann kann das auch eine große Chance für die Freundschaft sein. Das Wissen, wir können uns gegenseitig kritisieren, Probleme zusammen lösen, stärkt Freundschaften sehr.

Es kann aber auch sein, dass deine miesen Gefühle sich bestätigen und du dich wirklich in deiner Freundin gründlich getäuscht hast. Vielleicht musst du feststellen: Sie ist keine echte Freundin. Wenn das so ist, ist das sehr schmerzhaft, aber dann gibt es keine andere Lösung, als dieser Tatsache ins Auge zu sehen und fortan getrennte Wege einzuschlagen. Denn ewig einer falschen Freundin hinterherzurennen, führt nur zu immer weiteren Enttäuschungen.

Zickigkeit hoch zehn

Ab und zu eine Zicke sein ist völlig okay. Auch du bist vielleicht mal zickig, willst nicht so wie andere und hast deinen eigenen Kopf. Und das ist gut so!

Die Zickigkeit kann aber auch richtig Fahrt aufnehmen, zum Beispiel, wenn Jungs ins Spiel kommen. Plötzlich erkennst du deine Freundin nicht wieder. Sie ist verliebt, albert nur noch rum und hat kein anderes Thema mehr als ihren Angebeteten. Eure gemeinsamen Verabredungen sind verdammt selten geworden – wenn ihr euch überhaupt noch trefft. Und das sticht dir wie ein Giftpfeil ins Herz.

Vielleicht hegst du auch schon Mordgedanken gegen den neuen Konkurrenten und verbringst die ungewohnt langen Nachmittage mit der Planung von Attentaten. – Das sind verständliche Gefühle, aber sie sind ziemlich sinnlos. Was sollst du den Rest deines Lebens im Gefängnis deiner Eifersucht zubringen, wo du doch so viel Freiheit »da draußen« hast und gute Chancen, selbst bald mit Schmetterlingen im Bauch oder Sternchen in den Augen im Ausnahmezustand zu leben.

| | Freundschafts-Strategien

In kritischen Freundschaftsphasen gibt es drei nützliche Strategien, die aus dem Stimmungstief heraushelfen:

1. Bleib bei dir. Verteufel nicht die anderen, und verwende nicht deine ganze Energie darauf, hinter ihnen herzulaufen und sie mit Vorwürfen zu überschütten. Schau lieber, wie du deine Zeit sinnvoll nutzen kannst, wie du es dir schön machen und dir was Gutes tun kannst. Nimm dein Schicksal selbst in die Hand.

2. Wenn du einen klaren Standpunkt hast, etwa, dass du den Neuen duldest, aber trotzdem gern einen Zipfel deiner Freundin behalten möchtest, sprich mit ihr. Sag ihr, dass du auf ihre Freundschaft großen Wert legst. Am besten gelingt das, wenn du nicht einen ganzen Sack voll Vorwürfe über ihr ausschüttest, sondern dich darauf beschränkst, deine Wünsche zu benennen.

3. »Boys-out-Zeiten« vereinbaren. Vielleicht kannst du regelmäßige Treffen vorschlagen, bei denen die Jungs draußen bleiben. Einmal im Monat einen Kinoabend, einmal in der

Woche einen Nachmittag zum ausgiebigen Quatschen bei heißer Schokolade und Cookies. Dabei können Jungs natürlich ein Gesprächsthema sein – müssen aber nicht.

Sabine, 17 »*Eine Freundin ist manchmal viel mehr wert als eine Liebesbeziehung. Beziehungen gehen schneller auseinander, als man denken kann, und dann steht man alleine da mit seinem Leid. Daher sollte man Freundschaften pflegen. Freunde sind immer für einen da und haben immer ein offenes Ohr. Eine gute Freundin tröstet mit ihrem Verständnis immer am besten.*«

Jungs sehen das übrigens genauso:

Lino, 16 »*Ich finde, Freunde sind sehr wichtig. Ich werde sie nie wieder wegen einer Beziehung total vernachlässigen. Sie können einen stärken und unterstützen, auch dann, wenn die Freundin es nicht kann oder man Stress mit ihr hat.*«

Jungs oder Mädels

Vielleicht gehörst du zu den Leuten, die schon seit ihrer Kindergartenzeit Jungen- und Mädchenfreundschaften haben und das ganz normal finden. Vielleicht hast du aber auch seit der dritten Grundschulklasse auf deine Jungs-Freunde verzichtet, weil du nicht recht wusstest, was du mit ihnen anfangen sollst oder weil die anderen in der Klasse sich einen Spaß daraus machten, eure Namen auf der Tafel in einem Herzchen zu verewigen und doof kicherten, während du rot anliefst. Oder aber du gehörst zu den Mädchen, die einfach mit Jungs besser klarkommen und schon immer mehr männliche als weibliche Freunde hatten und sich von den Hänseleien der anderen nicht groß irritieren ließen. Egal wie es bei dir ausschaut, jede Variante ist gut, solange du dich damit wohl fühlst und zu ihr stehen kannst.

Verliebt in ein Mädchen

Liebesgefühle haben viele Mädchen auch für Freundinnen. Ihr habt euch vor kurzem kennengelernt, versteht euch super gut, und wenn sie anruft, macht dein Herz einen Hüpfer. Das ist wunderbar und beflügelt dich den ganzen Tag.

Es kann aber auch durchaus sein, dass sich zu den zärtlichen Gefühlen für ein Mädchen erotische, d. h. sinnlich-sexuelle Empfindungen einstellen. Du träumst davon, sie zu küssen, ihr körperlich ganz nah zu sein, vielleicht sogar sexuellen Kontakt mit ihr zu haben. – Was, wenn dein Traumprinz eine Traumprinzessin ist?

Dieser Gedanke ist für viele Mädchen erst mal sehr verwirrend und für manche auch beängstigend: Bin ich normal? Ist das in Ordnung? Was sagen meine Freundinnen? Was sagen meine Eltern?

In der Pubertät haben viele Mädchen und Jungen eine vorübergehende homosexuelle Phase, d. h. eine Zeit, in der sie für gleichgeschlechtliche Personen erotische Empfindungen hegen und vielleicht auch Sex mit ihnen haben. Manche wehren diesen Gedanken völlig ab, einfach weil er ihnen fremd ist und

»nicht normal« scheint und in unserer Gesellschaft nicht mehrheitlich so gelebt wird. Andere können sich ohne groß zu Grübeln einem spielerischen Ausprobieren öffnen und sich ihren Träumen hingeben.

Mara, 13 »Eine Frau in der Schule, die packt die Leute an. Das find ich komisch. Die kommt plötzlich an und umarmt mich, das ist mir unangenehm.«

Eva, 19 »So mit sechzehn, siebzehn hab ich festgestellt, dass ich Frauen schön fand, und hab mich dann gefragt, ob ich lesbisch bin. Ich hab auch mal von einer geträumt, aber das hab ich nicht erzählt.«

Maike, 17 »Eine gute Freundin hatte mich darauf gebracht, dass es Spaß macht, sich zu küssen und zu berühren, und ich dachte, es sei ein Spiel oder so. Es war mir nicht richtig bewusst, worauf sie hinauswollte. Ich habe mitgemacht, weil es irgendwie interessant war. Und es war eigentlich nur zweimal, bis ich sie dann nicht mehr besuchte, weil sie weggezogen war. Liebe war es nicht, aber es ist nicht so, als fühlte ich mich nicht zum weiblichen Geschlecht hingezogen. Ich mag es, provokant mit anderen Mädchen herumzuknutschen.«

Lesbisch oder nicht?

Ob du dich langfristig eher in Mädchen oder Jungs verliebst oder ob du bisexuell bist, also beide Geschlechter erotisch anziehend findest, das entscheidet sich häufig erst im Laufe der Zeit. Wenn ein Mädchen sich in ein Mädchen verliebt, heißt das noch nicht zwangsläufig, dass sie lesbisch ist. Seine sexuelle Orientierung zu finden, lässt sich nicht überstürzen. Es ist eine Zeit des Sich-selbst-immer-wieder-Hinterfragens, des Sammelns von Erfahrungen und des Kennenlernens der eigenen Gefühle.

Den eigenen Gefühlen zu vertrauen und sie zu akzeptieren, das ist nicht so einfach, wenn man spürt: Ich bin anders, als meine Eltern es erwarten, anders als die meisten meiner Freundinnen. Sich der wiederkehrenden Frage zu stellen: »Hast du denn jetzt endlich einen Freund?«, und darüber hinaus mit seiner lesbischen Liebe auch von Eltern, Freunden, Verwandten, Mitschülern, Arbeitskollegen angenommen zu werden, ist für viele ein langer Weg. Für das Durcheinander der Gefühle, die einen dabei begleiten, gibt es Hilfe bei speziellen Beratungsstellen und Coming-out-Gruppen.

Die Bezeichnung »lesbisch« für Mädchen oder Frauen, die Frauen lieben, geht zurück auf die griechische Insel Lesbos. Hier lebte im 6. Jahrhundert v. Chr. die antike Dichterin Sappho. In ihren Gedichten besang sie die Liebe zwischen Frauen.

Coming-out

»Coming-out«, so nennt man das öffentliche Sichbekennen zu seiner Homosexualität. Diesem Schritt in die Öffentlichkeit geht die Zeit voraus, in der ein Mädchen oder eine Frau herausfindet, dass sie lesbisch ist, bis zu eben jenem Punkt, an dem sie es für sich selbst akzeptiert und auch ihrer Außenwelt davon erzählen kann. Diese Entwicklung beginnt häufig in der Pubertät und dauert mehrere Jahre. Es gibt auch Menschen, die ihre Homosexualität sehr viel später entdecken, etwa nachdem sie schon verheiratet sind und mehrere Kinder haben.

Coming-out bedeutet immer, dass jemand sich nach außen zu etwas sehr Intimem, Privatem, nämlich zu seiner – von anderen nicht erwarteten – sexuellen Neigung bekennt. Und gerade diese Intimität, die nun öffentlich werden soll, macht es den meisten so schwer.

Es gibt viele lesbische Frauen in den Medien, die lange Zeit gebraucht haben, sich öffentlich zu »outen«. Andere haben das ganz klar und ganz früh getan. Auf jeden Fall ist es ein besonderer Schritt, denn eine Frau, die Männer liebt, sagt ja auch nicht öffentlich: »Ich gehe mit Männern ins Bett.« Heterosexualität ist überhaupt kein Thema, wohl deshalb, weil stets erst mal davon ausgegangen wird.

Lesbische Liebe

Gleichgeschlechtlich Liebende empfinden nicht anders als gegengeschlechtliche Paare. Mädchen und Frauen lieben ihre Partnerin genauso leidenschaftlich, zärtlich, leise, laut, manchmal eifersüchtig und zänkisch wie andere Mädchen ihren Partner. Die Gefühle, die Liebende empfinden, haben nichts mit dem Geschlecht zu tun.

Clara, 20 »Ich habe mich gefühlt wie im siebten Himmel. Genau wie wenn ich damals in Jungs verliebt war, ganz einfach total auf Wolke sieben. Ich hatte ein ganz starkes Herzklopfen, hab alles um mich rum vergessen ... Und dann hab ich eben gemerkt, dass ich grad in dem Moment einer Frau hinterherguckte. Aber es war für mich von Anfang an normal und ich bin einfach glücklich so.«

Sabine, 21 »Es war total verwirrend, weil ich nicht wusste, was das jetzt soll mit meinen Gefühlen, ob das einfach nur Freundschaft ist oder wirklich Liebe. Das muss man erst mal herausfinden. Ich glaub, ich unterscheide mich da auch nicht von anderen Mädchen, die Jungs lieben. Ich unterscheide mich nur dadurch, dass ich, wenn ich über die Straße gehe mit meiner Partnerin, eben ein Mädchen an meiner Seite hab. Aber das Gefühl ist das gleiche.«

Kitzler und Co.

Dein Körper und du

Stell dir vor, du gehst morgens in die Schule und lässt deinen Körper draußen auf dem Parkplatz stehen – einfach so, weil du heute mal allein sein möchtest. Undenkbar. Dein Körper und du, ihr seid untrennbar miteinander verbunden. Selbstverständlich benutzt du Arme und Beine, sitzt auf deinem Po die Schulstunden ab und denkst nicht weiter darüber nach. Es sei denn, irgendetwas stimmt nicht mit deinem Körper. Deine Augen brennen, dein Arm ist gebrochen, dein Po juckt …

Dein Körper rückt auch in den Mittelpunkt deiner Aufmerksamkeit, wenn er sich verändert. »Pubertät« ist das magische Wort, bei dessen Klang plötzlich alle wissen: Da passiert etwas Mysteriöses. Manche verbarrikadieren sich lieber, wenn es so weit ist, andere bewaffnen sich, um im Ernstfall schießen zu können gegen Pickel, Pest und schlechte Laune.

Fakt ist: Dein Körper macht sich an allen Ecken und Enden bemerkbar, und zwar ungefragt. Haare sprießen, wo vorher nichts war, dein Busen wächst, Fettpölsterchen machen sich klammheimlich an Hüften, Bauch und Oberschenkeln breit, Pickel bevölkern deine Nase und du bekommst deine Tage. Dir ist während dieses mehrjährigen Schauspiels nicht klar: Wer steuert diese ganze Achterbahnfahrt? Und: Wo geht die Reise hin?

Pubertät

Ein deutliches Anzeichen dafür, dass du drinsteckst in dieser magischen Phase, ist die Reaktion deiner Umwelt auf dich: »Sabine ist in der Pubertät«, erklärt dein Vater mit vielsagendem Augenaufschlag deiner Tante, weil du keine Lust hast, mit zum Verwandten-Kaffeeklatsch zu gehen, sondern lieber mit deiner Freundin auf der Couch liegst und dich über Musik unterhältst. Dir bleibt bei solch tollen Bemerkungen der Erwachsenen oft nur, mit den Augen zu rollen und die Ohren auf Durchzug zu stellen.

Pu-ber-tät. Witzigerweise versteht jeder etwas anderes darunter. Die einen sehen es als Inbegriff für die geschlechtliche Reife und die Ablösung von den Eltern, die anderen als Warnschild im Umgang mit dir: »Achtung, Pubertierende. Nicht zurechnungsfähig, Abstand halten.«

Das Wort »Pubertät« leitet sich ab von dem Begriff »Haarflaum«. Gemeint sind die feinen Härchen, die auf den Blättern und Stängeln blühender Pflanzen oder auf Insekten wachsen. Beim Menschen bedeutet »pubes« Körperhaar. Das englische »puberty« steht für die »Zeit der Behaarung«. Das lateinische »pubertas« heißt Mannbarkeit, »Puber« und »pubes« sind »die Zeichen der Männlichkeit«, d. h. »Behaartheit«. – Als ob das nur Männer beträfe!

Wann geht es los?

Bereits ein bis zwei Jahre bevor du zum ersten Mal deine Tage bekommst, sendet dein Körper Botenstoffe aus, die dein Wachstum zur Frau einschalten. Klick. »Hormone« heißen diese Wunderboten, in diesem Fall sind es die Sexualhormone und ihr Anführer nennt sich »Östrogen«. Wenn sie eine Region gestreift haben, fängt diese an, wie von Zauberhand ergriffen, sich zu verwandeln. Keiner weiß genau, wie sie vorgehen, was sie zuerst berühren.

Ganz grob geschätzt: Im Alter zwischen elf und fünfzehn Jahren geht es los. Aber das ist wie gesagt nur über den Daumen gepeilt. Wann genau was passiert, ist ungefähr so dehnbar wie andere Gesetzmäßigkeiten in der Natur: Krokusse blühen normalerweise im Frühjahr, aber nach einem besonders milden Winter kann es sein, dass sie schon im Januar sprießen. Die Entwicklung eines Babys im Bauch der Mutter dauert neun Monate. Trotzdem gibt es jede Menge Frühchen, die schon nach sechs Monaten in der Gebärmutter ans Licht der Welt drängen. Es existiert einfach kein exakter Zeitplan für natürliche Entwicklungen.

Vielleicht gehörst du zu den Mädchen, bei denen der Körper den kleinen, unsichtbaren Boten schon ziemlich früh die Schranke geöffnet hat. Möglicherweise warst du schon mit acht oder neun Jahren so weit entwickelt, dass du deine erste Periode bekamst. Vielleicht warst du davon total überrascht und hast dir alles lieber gewünscht, als dich mit Binden und Tampons zu befassen. Oder aber dein Schrankenwärter sagt erst mal: »Halt, stopp, bevor sie dreizehn oder vierzehn ist, kommt ihr hier nicht durch!« Dann dauert es dir eventuell viel zu lange, bis du endlich eine der Glücklichen bist, die beim Sport auf der Bank sitzen dürfen, weil sie ihre Tage haben und damit dem Club der »Reifen« angehören.

Wenn du zu den Mädchen zählst, bei denen die Pubertät erst sehr spät beginnt, hast du dich vielleicht schon mal gefragt, ob sich das Wachstum deiner Schamhaare oder deines Busens irgendwie beschleunigen lässt. – Vergiss es, keine Chance. Was du tun kannst, ist, eine kleine Familienforschung durchzuführen, um für dich eine grobe Schätzung zu bekommen, wann es bei dir losgehen könnte. Das heißt, du kannst deine weiblichen Vorfahren befragen, wann es bei ihnen so weit war. Denn ob man körperlich eher zu den Frühstartern oder zu den Spätzündern gehört, ist meist genetisch bedingt. Also, wenn deine Mutter und deine Großmutter eher spät ihre erste Blutung bekommen haben, kannst du davon ausgehen, dass das auch bei dir der Fall sein wird. Zumindest ist es wahrscheinlich. Deshalb: Keine Panik, wenn dein Busen noch auf sich warten lässt, während deine Freundinnen alle schon Expertinnen-Gespräche über BHs führen. Auch du wirst bald in die Runde aufgenommen werden und deine Erfahrungen mit Sport-BHs, Push-Ups und Wonderbras zum Besten geben können – es sei denn, du entscheidest dich gegen »Büstenhalter«, weil dein Busen eher klein und straff ist. Dann kannst du davon berichten, was du dir mit dem gesparten Geld für Extras leistest: Tangas, einen Sechziger-Jahre-Hut oder die neueste CD deines persönlichen Superstars. Es ist nämlich keinesfalls so, dass BHs ein Muss sind. Vielleicht reicht dir auch ein Sport-BH, damit du dich beim Laufen und Springen sicher verpackt fühlst.

Was verändert sich?

Wenn du dir überlegst, was da alles innerhalb von drei bis vier Jahren in deinem Körper vor sich geht, dann wunderst du dich wahrscheinlich nicht mehr, dass deine Laune manchmal, ohne dass du es erklären kannst, völlig im Keller hängt. Mal möchtest du dich am liebsten unter deine Bettdecke verkriechen und die Welt sich ohne dich weiterdrehen lassen. Im nächsten Moment bekommst du einen Lachanfall, bei dem du selbst nicht so genau weißt, was jetzt noch mal der Witz war. Ein andermal quält dich eine unglaubliche Langeweile, du hast zu gar nichts Lust und dann packt dich vielleicht eine ungebremste Wut auf alles und jeden. Keiner versteht dich, und du weißt nicht, wie du überhaupt noch einen anderen Gedanken fassen kannst außer: »Alles Scheiße.«

Das ist völlig normal. Denn es ist eben nicht nur so, dass deine Brüste, deine Taille, deine Schamhaare wachsen, Pickel sprießen und sich deine Periode vorbereitet. Auch dein Gehirn gleicht einer Großbaustelle, in der alles neu vernetzt und verkabelt wird. Aber der Reihe nach …

Taille, Hüften, Oberschenkel

Wenn du zu den Menschen gehörst, die bisher immer neue Hosen bekommen haben, weil sie mal wieder Hochwasser hatten (15 – 20 Zentimeter schießt du innerhalb von drei Jahren in die Höhe), gibt es jetzt noch einen weiteren Grund dafür, dass dir Röcke und Hosen nicht mehr passen. Dein Körper dehnt sich seitlich aus und legt Polster an. An Po, Hüften und Oberschenkeln sammelt sich Fettgewebe, das dir möglicherweise ziemlich überflüssig erscheint. Ist es aber nicht. Ohne diese Pölsterchen käme deine Periode nicht in Gang, denn damit der Regelkreislauf funktionieren kann, ist ein bestimmtes Mindestkörpergewicht nötig.

Busen und Brüste

Wenn man es genau nimmt, ist der »Busen« das Tal oder die Vertiefung zwischen den beiden Brüsten. Aber inzwischen gebrauchen eigentlich alle Leute das Wort auch für die Brüste selbst.

Die Brustwarze oder Brustknospe sitzt inmitten des sogenannten Warzenhofes, dem rosa-braunen Hautkranz im Zentrum der Brust. Wenn du sie berührst, ist das kitzelnd oder erregend und die Brust verändert sich: Die kleinen Muskeln um die Brustknospe ziehen sich zusammen, so dass sie sich aufrichtet. Das passiert nicht nur bei Erregung, auch bei Kälte kannst du beobachten, wie deine Brustknospe hart wird. Wenn du draufdrückst, schmerzt sie vielleicht auch ein bisschen. Das ist der spürbare Startschuss dafür, dass deine Brüste anfangen zu wachsen. »Schuld« sind in diesem Fall die weiblichen Geschlechtshormone (Östrogene).

Wenn die Warzenhöfe sich wölben, größer und dunkler werden, ist darunter der Teufel los. Kein Wunder, wenn du bedenkst, dass hier schon die Vorbereitungen für den Fall getroffen werden, dass du irgendwann ein Baby stillst: Es bilden sich die Milchdrüsen aus und drum herum wird alles schön mit Fett gepolstert.

Fällt das Wachstum besonders üppig aus, freust du dich vielleicht, weil du gern einen großen Busen möchtest. Vielleicht würdest du es aber auch gern stoppen und denkst: »So, es reicht. Ich möchte nicht unbedingt zwei Fußbälle vor mir her schieben, Tennisbälle genügen allemal …« Aber auch das ist nicht beeinflussbar. Alle Brüste sind individuell, es bilden sich große, kleine, spitze, runde, dicke, dünne, hängende und stehende aus – ganz, ganz verschieden.

Hast du dir schon einmal ausgemalt, du wärst völlig unnormal, vielleicht sogar unheilbar krank, weil deine linke Brust groß und stehend ist, deine rechte hingegen eher klein und hängend? Entwarnung. Du kannst getrost wieder gut gelaunt auf der Straße springen, tanzen und singen. Denn dass die beiden Brüste sich unterscheiden, ist ganz normal. Manche Brüste sind mindestens so unterschiedlich wie zweieiige Zwillinge.

Busen und Anziehung

Mit dem Stillen des Nachwuchses allein ist aber die Rundung unserer Brüste nicht zu erklären. Das kann man schon in der Tierwelt sehen: Die meisten Affen zum Beispiel haben längst nicht so ausgeprägte Brüste wie die Menschen, können aber trotzdem ganz normal ihre Babys säugen. Forscher sind auf den Trichter gekommen, dass der Busen bei uns möglicherweise deshalb größer ist als »nötig«, weil er Sexualpartner anlockt. Damit wäre er ein Mitstreiter des Schweißes, dessen Duftstoffe genau denselben Zweck erfüllen.

Völlig unabhängig von seiner Größe ist der Busen sehr empfindlich und erregbar. Es ist ein schönes Gefühl, wenn du ihn berührst oder jemand anderes, den du liebst und von dem du dir das wünschst.

Busenmode

Wie kann man den Busen verpacken oder entsprechend in Szene setzen? Darüber haben sich Frauen, Männer, Modeschöpfer zu allen Zeiten viele Gedanken gemacht. Die Idee, ihn zu verdecken, hatten schon die Menschen im antiken Griechenland vor 6500 Jahren. In griechischen Stadtstaaten wie Sparta, in denen Frauen an Sportveranstaltungen teilnahmen, banden sie sich die Brüste ab, um männlicher zu erscheinen. Vor 4500 Jahren wurde die Brust besonders in Szene gesetzt, indem man sie hochschnürte und Brust und Brustwarzen extra nackt zur Schau stellte. In der Antike und im Mittelalter trugen Frauen Binden aus Leinen, um ihre Brüste zu bedecken und zu schützen. Anfang des 19. Jahrhunderts dann war ein sogenanntes »Brustleibchen« angesagt. Aber auch damit war man noch nicht zufrieden, weil sich darunter die Brustwarzen abzeichneten. Später gab es wattierte »Brustverbesserer« und das Korsett; das war dieses Teil, das so eng geschnürt wurde, dass die Frauen reihenweise in Ohnmacht fielen.

Die BH- und Korsettmacherinnen bemühten Taschentücher und Männerhosenträger, Fischbein- und Metallbügel, um die Brüste als Inbegriff von Weiblichkeit optimal zu schützen, zu stützen oder zu zeigen. 1889 war es dann so weit: Die Französin Herminie Cadolle meldete als erste ein Patent für den modernen Büstenhalter an.

Dein Busen

Die Tatsache, dass der Busen eben nicht nur dazu da ist, später einmal Babys zu stillen, sondern auch Weiblichkeit und Erotik verkörpert, ist wahrscheinlich der Grund, warum manche Leute sich einbilden, Kommentare über die Brüste von Mädchen machen zu dürfen. Vielleicht hast du Klassenkameraden oder andere Menschen auf der Straße gehört, wie sie sich über deinen Busen unterhalten haben. Möglicherweise haben auch deine Eltern oder Verwandte Kommentare gemacht wie »Die kriegt jetzt Busen«.

Natürlich bleibt auch deiner Umwelt nicht verborgen, dass du dich zur Frau entwickelst, obwohl du vielleicht lieber erst mal selbst damit klarkommen möchtest, bevor andere sich dem Thema, das nur dich etwas angeht, widmen. Mag sein, dass ihr zu Hause ganz offen und liebevoll darüber sprecht und du dich freust, deinen Busen endlich präsentieren zu können. Vielleicht veranlasst dich aber auch manche Bemerkung deiner Außenwelt dazu, ihn fürs Erste lieber unter einem weiten T-Shirt zu verstecken. Oder es ist überhaupt kein offenes Thema, sondern schwebt nur so im Raum, und du weißt noch nicht genau, was du von deinen neuen Rundungen halten sollst.

Tatsache ist: Dein Busen gehört zu dir, und es ist das Problem der anderen, wenn sie mit deiner Entwicklung nicht umgehen können. Lass dich nicht von ihrer Unsicherheit anstecken. Du bist richtig, wie du bist.

Johanna, 15 »*Ich hatte lange keine Brust und damit haben mich viele aufgezogen. Die Jungs haben ›Flach-*

land‹ zu mir gesagt. Es war doof, nicht so zu sein wie die anderen.«

» Ich kann mich an die Zeit erinnern, als meine Brüste zu wachsen begannen. Meine Eltern und deren Freunde fanden das unheimlich lustig und niedlich. Mann, war das peinlich. «
Heather Nova, Popsängerin

Anne, 18 »Ich hab mich manchmal gefragt, was ich von der Größe meines Busens halten soll. Aber da es in einem Dessous-Laden in der Stadt meine BH-Größe gab, hab ich mir einfach gedacht, die Größe müsste okay sein.«

Kleine BH-Kunde

Die richtige BH-Größe ist für manche eine Geheimwissenschaft. Angegeben werden die Größen nicht in normalen Konfektionsgrößen, sondern in einer Zahl und einem Buchstaben. Wenn du zu den Mathe-Freaks gehörst, kannst du deine Größe spielend errechnen: Nimm dir ein Maßband und miss einmal deine Brust an der stärksten Stelle, also über der Brustwarze (das ist der sogenannte »Brustumfang«). Dann miss den »Unterbrustumfang«, sprich, den Umfang deines Brustkorbes unter der Brust. Das ist die Zahl für den ersten Teil der Größe; also wenn du 70 Zentimeter misst, dann ist dein Unterbrustmaß schon mal 70. Den Buchstaben kriegst du raus, wenn du vom Brustumfang den Unterbrustumfang abziehst. Im Internet und auch in den meisten Dessous-

Geschäften gibt es eine Tabelle, in der du deinen Buchstaben nachschauen kannst. Irgendeiner zwischen A und G wird das sein. Für die kleinste Größe 10 bis 12 Zentimeter gibt es noch AA. G ist das Größte und steht für 24 bis 26 Zentimeter Körbchengröße.

Wenn dir das alles zu aufwändig ist: Anprobieren und gucken, dass die Träger nicht zu stramm und die Körbchen nicht zu locker sitzen.

Scham- und Achselhaare

Wozu denn diese Haare?

Die Körperhaare fangen die Duftstoffe auf, die der Körper jetzt vermehrt ausscheidet. Das ist vornehm ausgedrückt, man kann es auch einfach »Schweiß« nennen. Wie immer du dazu stehst, die im Körperschweiß enthaltenen Duftstoffe sind wertvoll, wenn es um die Liebe geht. Sie gelten als der eigentliche Liebesduft und regen andere sexuell an. Das funktioniert allerdings nur, wenn man sich gegenseitig »gut riechen« kann. Es soll Frauen geben, die sich, bevor sie ihren Freund treffen, zwei Tage lang nicht waschen, damit sich der Duft optimal entfaltet. Das klappt natürlich nur bei genauer Terminabsprache.

Dass plötzlich auf den äußeren Schamlippen und deinem Schamhügel (auch Schamberg oder Venushügel genannt), unter den Armen und neben deinen Brustwarzen feine Härchen sprießen, kommt dir vielleicht vor wie Zauberei. Tatsächlich geht es nach jenem geheimen Plan, den niemand so genau kennt.

Auch die Schamhaare sind ganz individuell. Je nachdem, was du für ein Typ bist, hast du blonde, rote oder dunkle Schamhaare, einen eher übersichtlichen Bewuchs oder einen üppigen Dschungel. Interessant ist, dass diese Haare in der Regel lockig sind. Aber das sind sie nicht von Anfang an: Wenn sie ans Tageslicht kommen, sind sie zuerst glatt. Gekräuselt wird sich dann später. Jedenfalls bei Europäerinnen. Bei Afrikanerinnen sind die Schamhaare noch enger gekräuselt, bei Asiatinnen und den amerikanischen Ureinwohnern hingegen haben sie kaum Locken. Einen Schamhaar-Friseur brauchst du übrigens nicht, denn nach etwa sechs Monaten fallen die Haare aus und werden durch neue ersetzt. Das kriegst du eigentlich gar nicht mit. Dies nur, falls du dich wunderst, dass sie nicht irgendwann an deinen Zehenspitzen ankommen und du meterlange Rastazöpfe flechten kannst.

Schamhaarmode

Nicht alle sind vollkommen einverstanden mit ihrer Schambehaarung. Es gibt Leute, die sich Achselhaare, Beinhaare und Schamhaare abrasieren, weil sie das hygienischer, schöner oder erotischer finden. Das ist absolut Geschmackssache. Und auch wieder kulturell sehr unterschiedlich: In islamischen Ländern gelten Schamhaare als unhygienisch und werden entfernt. So war es übrigens auch im Mittelalter in Europa. In manch älteren Kulturen der Südsee, in afrikanischen Ländern und beispielsweise in Melanesien stehen die Schamhaare als Symbol für Fruchtbarkeit und Heiratsfähigkeit. Das heißt, man zeigt sie ganz gern, wenn man auf Partnersuche ist. Die Japaner finden, dass starke Schambehaarung bei Frauen ein Symbol besonderer Weiblichkeit ist. Dort gibt es sogar die Mode, dass Frauen mit wenig Schambehaarung aus Kopfhaar hergestellte Perücken tragen. Die Japaner nennen sie ganz poetisch »Blume der Nacht«.

Die äußeren Geschlechtsorgane

Die weiblichen Geschlechtsorgane haben schon allein aufgrund ihrer Lage etwas Geheimnisvolles. Sie sind nicht seitlich »angebracht«, so dass du auf sie herunterschauen könntest, sondern verstecken sich, genau entgegengesetzt zu deiner Blickrichtung, schön geschützt zwischen den Beinen. Aber zum Glück waren die Menschen schon immer neugierig, wie sie selber aussehen, und so wurden schon früh Spiegel erfunden, zunächst aus Kupfer oder Bronze. Die Technik wurde dann immer präziser und mit den heutigen Spiegeln aus Glas und Aluminium kann man die sich spiegelnden Dinge perfekt erkennen. Wenn auch spiegelverkehrt, kannst du dir so wunderbar die untere Hälfte deines Körpers anschauen. Denn eins ist klar: Alles ist da, alles ist angelegt.

Also, nimm dir einen Handspiegel, wenn du auf Entdeckungstour gehen möchtest. Die Erforschung deines Körpers ist zunächst mal deine ureigene Angelegenheit, also raus mit den anderen, mach es dir gemütlich, dann geht die Reise los.

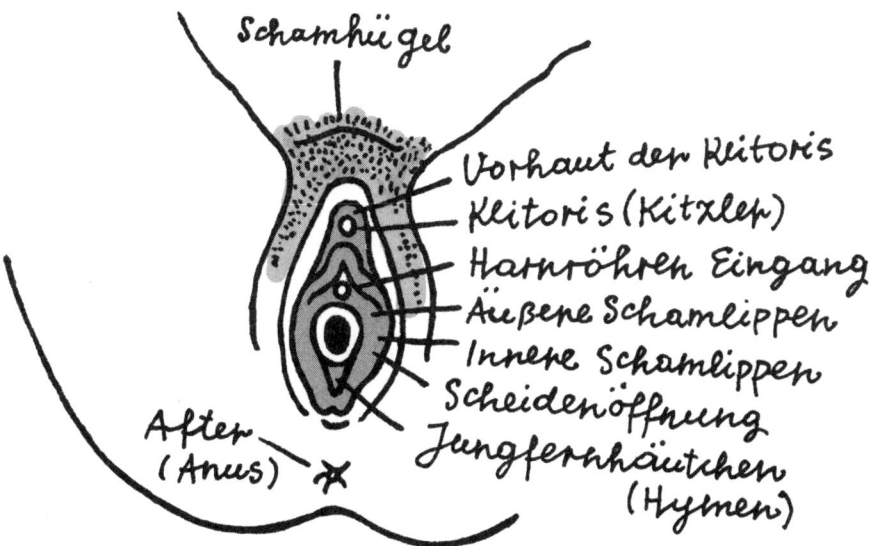

Schamhügel
Vorhaut der Klitoris
Klitoris (Kitzler)
Harnröhren Eingang
Äußere Schamlippen
Innere Schamlippen
Scheidenöffnung
After (Anus)
Jungfernhäutchen (Hymen)

Worte finden

Wenn du die Beine öffnest, siehst du deine Vulva.

»Vulva« kommt, wie so viele andere Worte, die Körperteile bezeichnen, aus dem Lateinischen. Irgendwie hat man, wenn über die weiblichen Geschlechtsorgane gesprochen wird, oft das Gefühl, dass nach Worten gerungen wird. Und so bemühen dann einige Leute eine Fremdsprache, meist Latein, oder suchen sich ganz distanzierte, sterile Ausdrücke, die nicht zutreffen, oder reden »um den heißen Brei« herum. Viele Leute sagen zu den weiblichen Geschlechtsorganen zum Beispiel »Scheide«, dabei ist die Scheide nur ein kleiner Teil der weiblichen Genitale. Interessant dabei ist, dass hier ein Bild aus der Ritterzeit bemüht wird, um ganz zaghaft das Sexuelle anklingen zu lassen: Aus dem Penis, der beim Sex in die Scheide eindringt, wird bildhaft das Schwert. Wieder andere finden für die Vulva Ausdrücke wie »Brünnlein«, »Döschen« oder »Brötchen«, die einen verharmlosenden Eindruck machen. Dabei ist die große Frage: Was muss hier verharmlost werden?

Bei den Italienern gibt es das Wort »Papillone«, zu deutsch »Schmetterling«. Manche benutzen Worte, die sehr abwertend klingen, wie »Fotze« oder »Möse« oder »Muschi«. Der Ursprung dieser Worte ist in der Regel gar nicht abwertend. »Möse« beispielsweise kommt von dem Wort »Moos«, aber in unserem Sprachgebrauch hat sich die Bedeutung negativ entwickelt. Warum das so ist? Vielleicht, weil ein normaler Umgang mit Sexualität und den Sexualorganen immer noch nicht selbstverständlich ist und entsprechend von vielen Erwachsenen auch nicht vermittelt wird – vermutlich weil sie es selbst nicht gelernt haben.

Also, es ist nicht einfach, eine treffende Bezeichnung zu finden, man müsste wirklich einen Wörterwettbewerb ausschreiben und die schönste Wortschöpfung prämieren.

Das offizielle, lateinische Wort »Vulva« bedeutet »weibliche Scham«. Aber schämen musst du dich dafür überhaupt nicht, es ist wunderbar, dass du eine Vulva hast, und du kannst sicher sein, deine ist einzigartig. Frauenärzte*, die jeden Tag viele Vulven zu sehen bekommen, sagen, es gibt keine, die hundertprozentig genauso aussieht wie eine andere.

*Um einen besseren Lesefluss zu gewährleisten, wird im fortlaufenden Text zumeist die männliche Formulierung »Frauenarzt« bzw. »Frauenärzte« verwendet. Gemeint sind aber immer beide Geschlechter!

Die Vulva bildet sich in der Pubertät weiter aus und färbt sich dunkler.

Wenn du von oben runterguckst und dich ein bisschen vorbeugst, kannst du deinen Venushügel sogar noch ohne Spiegel sehen. »Venus«, das war die römische Göttin der Liebe, des erotischen Verlangens und der Schönheit. Der Venushügel wird auch »Schamhügel« oder »Schamberg« genannt. Auf ihm wachsen Haare, wenn du in der Pubertät bist. Mit der Brust bildet er sozusagen das Markenzeichen für Weiblichkeit. Er besteht aus Fettgewebe und Nervenendungen. Entsprechend empfindlich ist er bei Berührungen.

Der Venushügel geht in die äußeren Schamlippen über. Sie sind ebenfalls behaart und umschließen ihrerseits die empfindsamen inneren Schamlippen. Die Spalte zwischen den Schamlippen bezeichnet man als »Schamspalte«. Sie verändert in der Pubertät ihre Position: Von ihrer nach vorne gerichteten Lage wechselt sie in eine nach unten gerichtete, horizontale.

Wenn du die äußeren Schamlippen ein wenig auseinanderziehst, siehst du vielleicht cremige Bröckchen, ein bisschen wie Frischkäse. Dies sind Absonderungen der Fett- und Schweißdrüsen, die zwischen den inneren und den äußeren Schamlippen liegen.

Smegma

Griechisch nennt man dieses Drüsenfett »smegma«, das bedeutet übersetzt »Seife«. Viel gebräuchlicher ist das Wort Smegma für die Absonderungen, die Jungs unter der Vorhaut ihres Penis haben. Aber bei Mädchen nennt man die Drüsenabsonderungen zwischen den Schamlippen und dem Kitzler genauso. Das Smegma fettet die empfindlichen Geschlechtsteile, muss aber regelmäßig abgewaschen werden, weil es nach einer Weile anfängt zu riechen. Zum Waschen ziehst du am besten die Haut über dem Kitzler zurück und benutzt klares, warmes Wasser und keine Seife, die reizt lediglich die Haut und zerstört die körpereigene Schutzschicht gegen Bakterien.

Die Schamlippen reagieren sehr stark auf Berührung. Wenn du sexuell erregt bist, füllen sie sich mit Blut und schwellen ganz stark an. Die inneren Schamlippen wachsen meist über die äußeren hinaus. Sie schützen und umhüllen die Scheiden- und Harnröhrenöffnung.

Da, wo die äußeren Schamlippen oben zusammenlaufen, liegt etwas verborgen unter der Klitorisvorhaut der Kitzler. »Klitoris« ist das griechische Wort für Kitzler. Manche Menschen sagen auch »Perle«, vielleicht weil der Kitzler ein bisschen so aussieht, vielleicht auch, weil er so wertvoll ist. Er ist sehr, sehr, erregbar und dient ausschließlich der Lust.

Stell dir vor, dieses wertvollste aller wertvollen Körperteile hatte bis vor kurzem für viele Leute überhaupt keinen Namen und das heißt: Es tauchte nicht auf, nicht in wissenschaftlichen Abhandlungen, nicht im Aufklärungsunterricht, nicht in der Umgangssprache.

Was keinen Namen hat, gibt es auch nicht. So war Acht- bis Vierzehnjährigen in einer Studie von 1999 das Wort »Kitzler« völlig unbekannt. Ungeheuerlich, wenn du dir klarmachst, dass der Kitzler bei Mädchen und Frauen das dem Penis entsprechende Körperteil ist.

Übersehen haben können die Forscher den Kitzler nicht. Schließlich misst er bei Frauen etwa 2,5 Zentimeter. Wenn er erregt ist und sich mit Blut füllt, kann er sogar auf das Doppelte anschwellen. Eher als einen Knick in der Optik hatten frühere Forscher möglicherweise einen Knick im Gehirn, der beim Gedanken, Frauen könnten Lust empfinden, entstanden ist.

Wenn du den Kitzler streichelst und erregt bist, kann dir das Kribbeln durch den ganzen Körper rauschen, und du hast das Gefühl, es schießt dich einer ins Weltall. Dass Frauen ein solches Gefühl erleben können, ist toll und ganz und gar nichts, was unter den Teppich gekehrt werden muss.

In vielen afrikanischen und asiatischen Kulturkreisen werden kleinen Mädchen und jungen Frauen die Klitoris und die äußeren Schamlippen entfernt. Dafür werden fadenscheinige Argumente herangezogen: Der Kitzler sondere giftige Flüssigkeiten ab, er könne bei der Geburt den Säugling verletzen, oder er würde weiterwachsen, wenn man ihn nicht abschneide. Manche finden einfach nur, er sähe nicht hübsch aus und deshalb müsse er zurechtgeschnitten werden. Das ist ein unglaubliches Vorgehen, nicht nur weil es sehr schmerzhaft und gefährlich ist und die Mädchen für ihr Leben traumatisiert werden, sondern auch weil sie niemals Lust im vollen Umfang empfinden können. Hilfsorganisationen versuchen deshalb, die Menschen über Gefahren und Schmerzen aufzuklä-

Das Jungfernhäutchen oder Hymen

Das Jungfernhäutchen, die alten Griechen sagten »Hymen«, kannst du wahrscheinlich nicht so gut sehen, weil es schon innerhalb der Scheide liegt. Es ist eine weiche Hautfalte oder ein Hautkranz, der rund um den Scheideneingang angebracht ist. Das Hymen ist wie ein Ring geformt, der eine kleine, ein bis zwei Zentimeter große Öffnung hat, unter anderem auch, damit das Menstruationsblut hindurch abfließen kann. Diese Öffnung wird von den unregelmäßigen, leicht ausgefransten Rändern des Hymens umschlossen. In der Pubertät verdickt sich das Jungfernhäutchen. Beim ersten Sex reißt es meistens und dann wirst du einige Bluttropfen vergießen. – Das hört sich schlimmer an, als es ist. Die meisten Mädchen merken gar nichts davon. Auch bei anderen Gelegenheiten kann das Jungfernhäutchen »heimlich« reißen: beim Sport, bei einem Sturz oder durch Selbstbefriedigung. Manche Mädchen befürchten, das Jungfernhäutchen könne durch die Benutzung von Tampons kaputtgehen, aber das passiert so gut wie nie, denn das Jungfernhäutchen ist sehr dehnbar. Wenn du ganz sichergehen willst, benutzt du am besten Binden.

Das Wort »Hymen« leitet sich ab von »hymenaios«, das ist der griechische Gott der Ehe. Den Zusammenhang mit der Ehe hat man auf folgende Weise hergestellt:

»Jungfer« ist ein altes Wort für Jungfrau. Früher bezeichnete man damit eine junge Herrin oder ein Edelfräulein. Später wandelte sich die Bedeutung in junge, noch unverheiratete Adlige, und heute ist die Jungfrau die junge, unberührte Frau. Mit »unberührt« ist gemeint, dass sie noch nie mit einem Mann geschlafen hat.

In manchen muslimischen Kulturen ist es sehr wichtig, dass ein Mädchen »unberührt«, also mit intaktem Jungfernhäutchen, in die Ehe geht. Mädchen, die nicht mehr unberührt sind, haben oft große Angst, dass das rauskommen könnte. Als Beweis für die »Unbefleckheit« wird das Blut des zerrissenen Hymens auf dem Bettlaken der Hochzeitsnacht genommen. Das ist aber vollkommen ungerecht, denn das Jungfernhäutchen kann nicht nur kaputtgehen, wenn ein Junge oder Mann seinen Penis in die Scheide steckt, sondern wie gesagt auch bei anderen Gelegenheiten, die gar nichts mit Sex zu tun haben.

Einige Mädchen kommen auch ohne Hymen zur Welt. Wenn du dein Jungfernhäutchen nicht finden kannst, heißt das aber nicht gleich, dass es kaputt ist oder nicht existiert, es ist nur sehr schwer zu sehen. Falls du unsicher bist, frag eine Frauenärztin oder einen Frauenarzt, sie können es überprüfen.

Innere Geschlechtsorgane

Auch innen verändert sich dein Körper während der Pubertät. Das können wir leider nur glauben, denn mit dem Spiegel kommen wir hier nicht weiter.

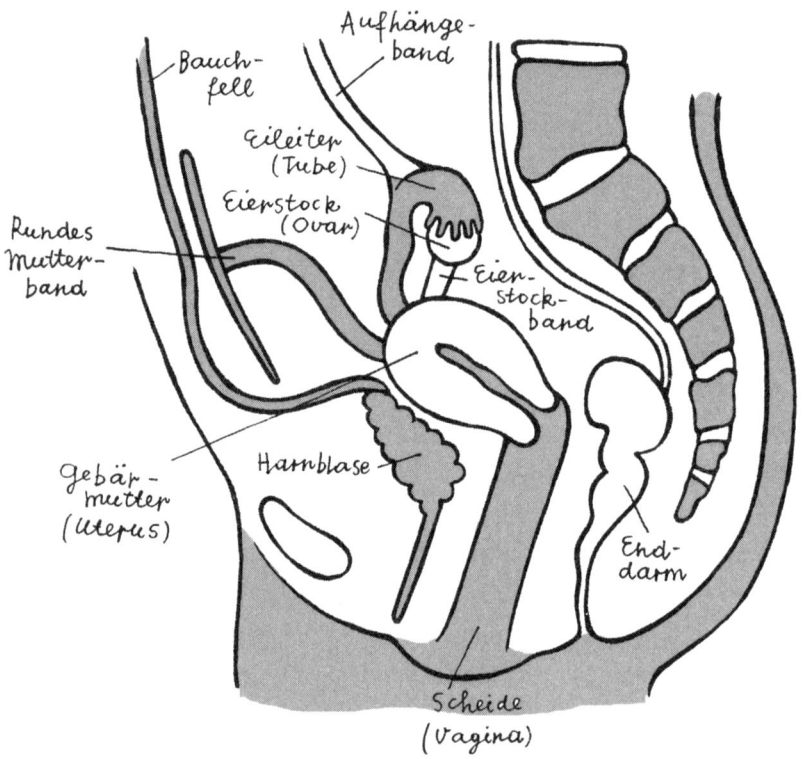

Die Scheide, die alten Lateiner haben sie »Vagina« getauft, ist der Verbindungskanal zur Gebärmutter. Bei erwachsenen Frauen misst sie ungefähr sieben bis zehn Zentimeter. Die Scheidenöffnung ist sozusagen das Zentrum des »Schmetterlings«, eingerahmt inmitten der inneren und äußeren Schamlippen.

In der Pubertät wird die Scheidenwand dicker und ordnet sich in einer Reihe übereinanderliegender Falten an, so wie eine Ziehharmonika oder ein Faltenrock. Deshalb ist die Vagina auch enorm dehnbar.

Neben dem Scheideneingang sitzen die beiden Bartholindrüsen. Die sind ungefähr so dick wie eine Bohne und sie arbeiten ab der Pubertät dein ganzes Leben lang. Sie bilden eine säurehaltige Flüssigkeit, die die Scheide vor Infektionen schützt. Doch das ist nicht ihre einzige Funktion: Die Feuchtigkeit soll auch die Scheide gleitfähig halten. Bist du sexuell erregt, nimmt die Feuchtigkeit zu, so dass ein Penis schmerzfrei eindringen kann. Vielleicht hast du dich schon gewundert, wieso manchmal Flüssigkeit aus deiner Scheide kommt. Das ist ein Grund dafür. Der Slip wird feucht, und zwar als spürbares Zeichen für körperliche Erregung. Dieses Feuchtwerden nennt man auch »Lubrikation«, von dem lateinischen Wort »lubricare«, wörtlich »schlüpfrig machen«. Auslöser können manchmal schon erregende Worte, Gedanken, ein Buch, Musik oder ein toller Film sein.

Siba, 21 »*Dass meine Vagina feucht wurde, wenn ich erregt war, wusste ich. Auch dass ich mich über andere ›Flüssigkeiten‹, die ich manchmal in meiner Unterhose hatte, nicht sorgen musste, obwohl es gar nicht rot und es auch nicht Zeit für meine Tage war, wusste ich. Ich unterhielt mich darüber mit Freundinnen, so nach dem Motto: ›Kennt ihr das?‹ oder ›Habt ihr das auch?‹*«

Am Ende der Scheide sitzt der Muttermund. Komisch, dafür schien es nicht so schwer zu sein, ein deutsches Wort zu finden. Das hängt wahrscheinlich damit zusammen, dass dieser Körperteil eine wichtige Funktion bei der Geburt eines Babys hat. Der Muttermund muss sich nämlich öffnen, und je nachdem, wie weit er geöffnet ist, können Hebammen und Ärzte beurteilen, wie lange es noch dauert, bis das Kind zur Welt kommt.

Deinen Muttermund kannst du ertasten, wenn du einen Finger in die Scheide steckst. Er ist glatt und rund und hat ein kleines Grübchen, das wiederum der Weg zur Gebärmutter ist. Kaum vorstellbar, dass er sich bei einer Geburt so stark weitet, dass das Baby durchflutschen kann, ist aber so. Während du deine Tage hast und auch bei sexueller Erregung verändert der Muttermund seine Lage, so dass du ihn nicht immer an derselben Stelle vorfinden wirst. Manchmal verrutscht er so, dass du ihn vielleicht gar nicht entdeckst.

Der Mutterbund verbindet die Scheide mit dem Gebärmutterhals. Auch für ihn gibt es wieder ein lateinisches Wort, nämlich »Zervix«. Dieser Gebärmutterhals ist der untere Abschnitt der Gebärmutter. Er wächst ebenfalls in der Pubertät und wölbt sich in die Scheide hinein. In seinem Innern gibt es einen Kanal, den sogenannten Gebärmutterhalskanal. Auf diesem wiederum sitzen kleine Drüsen, die farblose Flüssigkeiten absondern. Während der Zeit des Eisprungs, also an den »fruchtbaren Tagen«, ist diese Flüssigkeit spinnbar und lässt sich in Fäden ziehen. Das ist ein Zeichen dafür, dass der Schleimpfropf, der den Gebärmutterhals verschließt, sich verflüssigt und für männliche Samen durchlässig wird. Diese Durchlässigkeit ist wichtig, damit die Samenfäden die Chance haben, auf ein Ei zu treffen und mit ihm zu verschmelzen.

Jetzt sind wir endlich in der Gebärmutter angelangt. Schon wieder ein deutsches Wort, aber ein lateinisches gibt es ebenso: »Uterus«.

Auch die Gebärmutter wächst in der Pubertät. Hatte sie bei der Geburt etwa die Größe einer Pflaume, wird sie nun ungefähr birnengroß. Und das ist noch gar nichts. Während einer

Schwangerschaft übertrifft sie sich selbst: Ihr Gewicht steigt dann um das 16-Fache an, d. h. von normalerweise 60 auf 1000 Gramm. Die Gebärmutter ist übrigens der stärkste Muskel des menschlichen Körpers. Da können die Oberarme und der Unterkiefer einpacken.

Ausgekleidet ist die Gebärmutter mit einer Schleimhaut, die sich mit Einsetzen der Pubertät verdickt, zugleich aber auch sehr wandelbar bleibt. Im Verlauf der Monatszyklen baut sie sich jeweils wieder neu auf und ab, d. h., wenn du nicht schwanger bist, wird die Schleimhaut abgestoßen und du bekommst deine Periode.

In die Gebärmutter führen zwei Röhren, das sind die Eileiter. An ihrem anderen Ende haben sie je einen ausgefransten Trichter. Diese sind etwas nach unten gebogen und »gucken« auf jeweils einen der beiden Eierstöcke. In den Eierstöcken sind die Eizellen, die weiblichen Geschlechtszellen, eingelagert. Ab der Geschlechtsreife reift hier jeden Monat eines der Eier heran, das dann über den Eileiter in die Gebärmutter wandert. Aber dazu später mehr.

Menstruation

Das definitive äußere Zeichen für deine körperliche Reife ist der erste amtliche Blutstropfen in deiner Unterhose. Das ist in allen Kulturen und zu allen Zeiten absolut unumstritten. Wie dieser kleine rote Tropfen aus der Scheide bewertet wird, ob als »lästiges Übel« oder als Grund zum Jubeln, hängt auch damit zusammen, wie die Kultur, die unser Leben prägt, dieses Ereignis ansieht.

In Kulturen, die Göttinnen verehrten, wie zum Beispiel früher in Indien, Ägypten oder dem Mittleren Osten, gab es eine besondere Zeremonie, wenn aus jungen Mädchen erwachsene Frauen wurden. Mit Henna und anderen roten Farbstoffen wurden den Mädchen die Füße gefärbt. Die rote Farbe symbolisierte das Blut der ersten Menstruation, die das Zeichen dafür ist, Kinder bekommen zu können. In Japan hagelt es Geschenke und Glückwunschtelegramme, wenn ein Mädchen die erste Periode hat. Es wird ein Fest gefeiert, zu dem ein spezielles Reisgericht serviert wird. Für die Frauen der Mayas in Zentralamerika war klar, dass der Kalender seinen Ursprung in ihrer Monatsregel hatte.

Du hast es sicher schon bemerkt: Auch für die Menstruation gibt es die verschiedensten Begriffe. Manche Leute sagen »Periode«, »Regel« oder »Monatsblutung«, andere »Tage«, wieder andere sprechen von der »roten Woche«. Eine ganze Woche jedoch dauert die Sache meist nicht: Ungefähr drei bis fünf Tage tropft Blut aus deiner Scheide. Am Anfang etwas doller, dann nur noch sehr spärlich, das ist nicht so ganz regelmäßig.

Ein »Zyklus« ist die Zeit zwischen dem ersten Tag der Regelblutung und dem letzten vor der neuen Periode, also »einmal rum«. Das dauert zwischen 21 und 35 Tagen. Deinen Kalender solltest du danach aber nicht ausrichten, gerade am Anfang kann das Einsetzen der Periode variieren, je nachdem, wie eingespielt dein Zyklus schon ist. Zudem lässt er sich auch leicht durcheinanderbringen. Wenn du in den Urlaub fährst, in ein anderes Klima kommst, Stress oder Sorgen hast, dann verschiebt sich die Periode auch schon mal um ein paar Tage.

Wenn du wissen willst, ob deine schlechte Laune vielleicht in Zusammenhang mit der sich ankündigenden Regel steht und dein Freund vielleicht gar nichts dafür kann, dass du ihm am liebsten das Gesicht zerkratzen würdest, dann mach dir ein Zeichen in deinen Kalender und schau, ob du nach einiger Zeit einen Rhythmus erkennst.

Woran du merkst, dass es losgeht

Es gibt unterschiedliche Vorboten, die dir ankündigen: »Jetzt passiert es bald.« Einige Tage vor der ersten Blutung und auch später haben Mädchen einen weißlich-glasigen Ausfluss aus der Scheide. »Weißfluss« nennt sich diese Flüssigkeit. Kurz vorher verspüren viele auch ein leichtes Ziehen im Unterbauch oder im Rücken. Manche bekommen riesigen Appetit. Wenn du einen für dich ungewöhnlichen Heißhunger auf Schokolade, saure Gurken oder sonstige Schweinereien hast, könnte es daran liegen. Hinzu gesellt sich dann verständlicherweise gelegentlich das Gefühl: »Ich bin aber rundlicher als sonst.« Einige Mädchen haben Hitzewallungen. Die werden durch die Schwerstarbeit der Gebärmuttermuskeln hervorgerufen, die sich zusammenziehen, damit die Schleimhaut sich lösen kann.

Vielleicht gehörst du aber auch zu denjenigen, die völlig überrascht werden von ihrer ersten Periode. Du übernachtest bei einer Freundin, bist auf Klassenfahrt oder läufst gerade Kilometer einundzwanzig des Schülermarathons und da benetzen die ersten Blutstropfen deine Unterhose … Eine Verabredung zur ersten Blutung trifft der Körper nicht. Überraschung ist angesagt. Total peinlich ist es einem selbst, wenn das Blut durch die Turnhose oder die helle Jeans sichtbar wird. Da gibt es nur einen Trost: Das ist schon unendlich vielen jungen Frauen vor dir passiert, wahrscheinlich auch Madonna und deiner Sportlehrerin.

Fest oder Kokon?

Wie du es gerne haben möchtest, wenn es bei dir so weit ist, ob du ein Fest feiern oder dich in die hinterste Ecke deines Bettes verkrümeln willst, das weißt du möglicherweise erst dann. Damit deine Mutter nicht in vorauseilender Begeisterung die halbe Weltbevölkerung zum Freudenfest einlädt, während du viel lieber mit einer Tüte Chips und eurer Katze vor dem Fernseher lümmeln würdest, gib Zeichen. Sag deiner nächsten Umwelt, was du brauchst, und hol dir Rat von erfahrenen Frauen, wenn du nicht so genau weißt, was gut für dich ist.

Auf jeden Fall mildert Wärme die Krämpfe, die auftreten können, wenn sich die Gebärmuttermuskeln zusammenziehen. Eine Wärmflasche, mit der du es dir auf dem Sofa bequem machst, dazu ein spannendes Buch oder schöne Musik, kann richtig gut tun.

Hilfreich sind auch Kräutertees, die man sich selber mischt oder in der Apotheke zusammenstellen lässt. Probier einfach aus, welcher Hexentrank dir das höchste Wohlgefühl vermittelt.

Ruhe, Schlaf und Rumtrödeln können ebenfalls den ein oder anderen Muskel lockern. Manche Mädchen und Frauen ent-

spannen sich auch durch Bewegung, durch Tanzen, Gymnas-
tik, Radfahren, Schwimmen oder Spazierengehen.

Eine krampflösende Methode ist auch Selbstbefriedigung.
Sich streicheln, zärtlich mit sich und seinem Körper sein kann
durch und durch gehen.

Auch sich auszutauschen, kann Wunder wirken. Sehr starke
Schmerzen haben manchmal mit seelischer Verkrampfung zu
tun und ein Gespräch mit einem vertrauten Menschen ist
dann vielleicht das beste Mittel zur Milderung.

Keine Angst vor Überschwemmung

Manche Mädchen machen sich große Sorgen, dass sie während
ihrer Periode richtig auslaufen. Sie haben die Vorstellung:
»Wenn ich schwimmen gehe, verfärbt sich das ganze Schwimm-
bad rot« oder »Ich brauche eine superdicke, ultrasichere Windel,
um das alles aufzufangen.«
Keine Panik. Maximal eine halbe Kaffeetasse voll verlierst du
während der Zeit der Blutung und das auf drei bis fünf Tage
verteilt. Das sind etwa 50 bis 80 Milliliter Flüssigkeit und eine
Windel brauchst du dafür keinesfalls. Tampons oder Binden
tun es auch. Für was von beiden du dich entscheidest, ob du in
den Fanclub der Binden-Trägerinnen oder den der Tampon-Be-
nutzerinnen gehst, probierst du am besten aus. Vielleicht
springst du ja auch hin und her und benutzt mal das eine, mal
das andere, je nach Laune, Vorhaben, Slip-Größe oder Stärke
der Blutung. Oder du spielst in einer ganz anderen Liga und
entscheidest dich für Periodenschwämmchen. Du kannst sie in
der Apotheke kaufen und immer wieder benutzen, musst sie

allerdings zwischendurch gut auswaschen bzw. auskochen. Sehr umweltfreundlich!

Warum das Blut?

Vielleicht hast du dich schon mal gefragt, was das ganze Theater eigentlich soll: Was hat das Blut mit dem Erwachsensein zu tun? Gute Frage. Es geht nämlich gar nicht um das Blut an sich. Das ist nur das »Transportmittel« – eine Art U-Bahn für unbefruchtete Eier und überschüssige Gebärmutterschleimhaut. Aber der Reihe nach:

Das, was deine Fähigkeit zum Kinderkriegen auszeichnet, spielt sich ja im Innern ab. Die eigentlichen Drahtzieher sind die Eizellen, die jetzt in den Eierstöcken reifen, schön umhüllt von einem Eibläschen. Einmal im Monat wird eins von ihnen »auserwählt«; es darf springen, und zwar vom Eierstock in den Eileiter-Trichter. Das ist der berühmte »Eisprung«, den du ungefähr in der Mitte zwischen zwei Monatsblutungen bekommst. Mit diesem »Sprung« hat die Sportlichkeit des Eis aber auch schon ihr Ende. Seine Wanderung durch die Eileiter weiter in Richtung Gebärmutter legt das Ei passiv zurück. Ganz bequem lässt es sich von den kleinen Flimmerhärchen, die in den Eileitern befestigt sind, dorthin befördern.

Unterwegs warten dann ganz vielleicht Überraschungen und das Ei kann für höhere Aufgaben auserkoren werden: Wenn du kurz vor oder nach dem Eisprung Sex ohne Kondom hattest und sich Samenzellen im Eileiter befinden, können sie auf das Ei treffen. Verschmelzen Samen- und Eizelle, wurde das Ei befruchtet und wandert weiter in die Gebärmutter. Dort nistet sich das befruchtete Ei ein und entwickelt sich innerhalb von neun Monaten zum lebensfähigen Säugling.

Trifft das Ei während seiner Reise nicht auf zeugungsfähige Samen, lebt es maximal 24 Stunden weiter. Anschließend wird es samt Gebärmutterschleimhaut, die die Gebärmutter zuvor aufgebaut hat, rausgespült – und zwar mit Hilfe des Blutes.

Jedes Mädchen trägt von Geburt an rund 400.000 unreife Eizellen in den Eierstöcken mit sich herum. Das fällt jedoch nicht weiter ins Gewicht, denn sie sind nur etwa so groß wie ein Sandkorn. Außerdem sterben im Laufe der Jahre eine Menge davon ab.

Schwimmen, Sport und Sex plus Periode?

Gleich vorweg: Eine Krankheit ist die Menstruation nicht. Sie ist ganz normal und Grund zum stolzen Empfinden: »Ich bin eine Frau.«

Falls du dir Gedanken darüber machst, was du während deiner Periode alles darfst und was nicht, trau deinem Gefühl. Wenn du gern Sport treibst, spricht überhaupt nichts dagegen, das auch zu tun, wenn du deine Tage hast. Mach diese Entscheidung ganz von deinem Wohlbefinden abhängig. Manche Mädchen setzen sich beim Schulsport lieber auf die Bank, andere laufen gerade während ihrer Periode zu sportlichen Höchstleistungen auf. Es soll sogar Spitzensportlerinnen geben, die während ihrer Periode Rekorde erreicht haben.

Schwimmen ist je nach Stärke deiner Tage das Einzige, was

du vielleicht einschränken möchtest. Einige Mädchen schwimmen mit Tampon und das geht auch. Du solltest dann nur direkt nach dem Bad den Tampon wechseln, da das Fädchen des Tampons ein ziemlich guter Bakterienleiter ist, der dir Bakterien in die Scheide schwemmt. Wenn deine Blutung schwach ist, ist es auch okay, ohne Tampon zu schwimmen. Während du im Wasser bist, wirst du überhaupt nicht auslaufen, denn das Wasser wirkt wie ein Stöpsel, der deine Scheidenöffnung verschließt. Laufen wird es dann vielleicht, wenn du aus dem Wasser rauskommst, deshalb ist diese Methode wie gesagt nur anzuraten, wenn die Periode fast vorbei ist.

Mit dem Sex ist es das Gleiche wie mit dem Sport. Verboten ist gar nichts. Und schädlich ist es auch nicht. Das Einzige, was zählt, ist dein eigenes Empfinden und das deines Partners. Manchen Mädchen ist es peinlich, wenn sie bluten und der Penis ihres Partners sich rot färbt, andere kratzt das überhaupt nicht. Einige haben das Gefühl, noch sensibler zu empfinden, während sie ihre Tage haben, und verspüren sogar mehr sexuelle Lust als sonst.

Selbstbefriedigung

Eine schöne Art, deinen Körper kennenzulernen, ist, ihn mit den Händen zu erforschen, ihn anzufassen und zu streicheln.

Sich selber körperlich zu erregen und schöne Gefühle zu bereiten, das machen schon kleine Kinder, auch wenn sie noch gar keinen Namen dafür haben. Sie rutschen vielleicht immer auf der Sofalehne oder einem Baumstamm hin und her, streicheln ihre Scheide oder ihren Penis.

Bei manchen ist das Berühren des eigenen Körpers mit dem Gefühl verbunden: »Das darfst du nicht.« Früher hat man sogar Schauergeschichten erfunden und sich ausgedacht, was alles passieren kann, wenn man sich selbst befriedigt. Mit Rückenmarkschwund, Wachstumsstillstand oder lebensgefährlichen Geschlechtskrankheiten wurde vor allem Jungs gedroht, und manche Eltern kontrollierten, dass ihre Kinder nachts die Hände über der Bettdecke hielten. Das ist natürlich eine Unverschämtheit und kompletter Quatsch. Es sagt eher etwas darüber aus, wie lieblos die Menschen mit sich selbst waren. Es zeigt: Schuldgefühle kommen von außen, werden uns »eingepflanzt« von Leuten mit der irrigen Ansicht »Das tut man nicht«.

Die alten Griechen waren da viel fortschrittlicher: Im antiken Griechenland war die Selbstbefriedigung eine ganz normale und akzeptierte Spielart der Sexualität. Es wurde nicht viel darüber geredet, aber es gab auch keine moralischen Drohungen. Selbstbefriedigung gehörte einfach zum Leben.

Logisch erscheint die Frage, die eine Frauenärztin gestellt hat: »Warum soll mich irgendwann einmal ein anderer Mensch an meinen empfindlichsten und geheimsten Stellen berühren, wenn ich selbst es nicht tue?« Da hat sie wohl Recht und sie folgert daraus: »Lustvoll lebende Menschen, die mit sich und ihrem Körper zufrieden sind, die sind auch freundlicher im Umgang mit anderen. Eigentlich müsste man Selbstbefriedigung geradezu fördern.«

Auch für Selbstbefriedigung gibt es jede Menge anderer Wörter, wie immer was Lateinisches: »Masturbation«, oder »Onanie« oder »Wichsen«.

»Onanie« wird von einer Geschichte aus der Bibel abgeleitet, in der es um eine wenig sichere Verhütungsmethode geht: Onan schlief mit der Frau seines verstorbenen Bruders. Das war nicht ungewöhnlich, sondern sollte dieser Frau zu Kindern verhelfen, die dann den Namen des Verstorbenen tragen durften. Aber Onan wollte das nicht, deshalb zog er seinen Penis kurz vor dem Samenerguss aus der Scheide seiner Schwägerin heraus. So tropfte der Samen auf die Erde. Gott hat ihn bestraft und ließ ihn sterben, so erzürnt war er, dass Onan seinem Bruder keine Nachkommen schenken wollte.

Also, mit Selbstbefriedigung direkt hatte die Sache nichts zu tun. Wahrscheinlich beruht die Namensfindung auf dem Missverständnis, dass man glaubte, Onan habe sich selbst befriedigt. Dabei hat er den Geschlechtsverkehr lediglich kurz vor dem Samenerguss unterbrochen – und das nennt sich »coitus interruptus«.

»Wichsen« sagt man eigentlich nur bei Jungs, eine »Wichserin« gibt es nicht und auch keinen entsprechenden Ausdruck für Frauen, die sich selbst befriedigen. »Wichsen« wird heute meist abfällig benutzt, obwohl die Herkunft des Wortes nichts Abfälliges hat. Der Begriff kommt von »wächsern«. Darin steckt das Wort »Wachs« wie Kerzenwachs. Etwa im 15. Jahrhundert bestand Schuhcreme aus einer wachsartigen Substanz. Diese

Schuhwichse trug man auf die Schuhe auf und dann wurden sie blankpoliert. Es bedeutete also »die Schuhe blankputzen«. Die Hin- und Herbewegung beim Polieren der Schuhe wurde übertragen auf die Hin- und Herbewegung der Vorhaut über den Penis. Auch in der Soldatensprache wurde das Wort gebraucht. Wenn ein Soldat in voller Uniform mit blitzblanken Stiefeln und Säbeln erschien, so sagte man: »Er ist in vollem Wichs.«

Eine fertige Gebrauchsanleitung für den eigenen Körper gibt es zum Glück nicht. Du musst sie dir selber schreiben, d. h. ausprobieren, was dir gefällt. Magst du dich gern an der Brust berühren und zugleich am Kitzler streicheln? Gefällt es dir, ganz schnell zum Höhepunkt zu kommen? Oder nimmst du dir lieber Zeit, legst Musik auf und erforschst in Ruhe deinen Körper, deine sensibelsten, »erogenen« Zonen, und findest heraus, an wen oder was du am liebsten denkst, welche Vorstellungen, Bilder, Szenen dich anmachen? Im »Kopfkino« ist alles erlaubt, deiner Phantasie sind keine Grenzen gesetzt.

Eva, 19   *»Bevor ich meinen ersten Freund hatte, hab ich gemerkt, mir gefällt das, wenn ich mich selbst anfasse. Obwohl ich irgendwie im Kopf hatte, das tut man nicht. Das war, als ich einen Busen und Hüften bekam und merkte, ich werde eine Frau.«*

Anna, 20   *»Ich hab mich schon früh selbst befriedigt. Im Wohnzimmer meiner Oma, die bei uns lebte, gab es ein altes Sofa. Darauf verzog ich mich und bewegte rhythmisch die Beine. Ich spürte die angenehme Hitze im*

Unterleib hochsteigen, träumte von Afrika, von Stränden in der Fremde und exotischen Menschen.«

Genau wie alles erlaubt ist, ist nichts Pflicht: Wenn du nicht willst, kannst du getrost auf jede Selbstbefriedigung pfeifen. Sie dient ausschließlich dir und deiner Lust, deinen Erkenntnissen über deinen Körper und über deine Vorlieben. Keiner kontrolliert dich. Nur du allein entscheidest, ob du Lust hast und, wenn ja, wie deine Lustreise aussehen soll.

Siba, 21 *»Was ich immer komisch und unvorstellbar fand, war mich selbst zu befriedigen. Die Jungs redeten ja ganz offen darüber, aber ich hatte es weder ausprobiert noch das Interesse, es je zu tun.«*

Suse, 17 *»Selbstbefriedigung finde ich ziemlich einsam. Ich habe das schon mal gemacht, aber es hat mir nichts gebracht. Für mich gehören zwei dazu.«*

Pimmel und Partner

Wenn ich ein Junge wär

Sarah, 13 »Früher wollte ich mal ein Junge sein. Ich finde, Jungs haben ein paar Vorteile. Zum Beispiel: Mädchen spielen sich gegenseitig aus, nehmen anderen Mädchen die Freundin weg. Den Jungs ist das egal, die prügeln sich und dann ist alles wieder okay. Da ist kein Konkurrenzdenken.«

Mara, 17 »Wenn ich ein Junge wär, dann wäre die Welt einfacher, weil man keine Regelschmerzen und andere Mädchenprobleme hätte. Andererseits: Als Junge könnte man nicht das tun, was ein Mädchen tut, wie Schminken und Kleider tragen. Und: Wenn ich einen Penis hätte, müsste ich mir Sorgen darum machen, dass mein Ding nichts abbekommt, einen Ball oder andere harte Gegenstände. Insofern bin ich ganz zufrieden mit mir. Wenn ich aber einen Tag lang ein Junge sein könnte, dann wäre es spannend, Mädchen aus einem ganz anderen Blickwinkel zu sehen und zu begreifen, was an ihnen vielleicht attraktiv sein kann. Wenn ich wieder tauschen würde, würde ich wissen, was an mir gut oder schlecht ist.«

Vielleicht hast du dir schon mal gewünscht, wenigstens für einen einzigen Tag ein Junge zu sein, nur so, um zu wissen, wie sich das anfühlt. Geht man als Junge anders durch die Welt? Vielleicht freier und selbstsicherer, oder ist der Druck, cool zu wirken, größer? Steht man dann breitbeiniger und ist deshalb »geerdeter«? Darf man mehr und wird nicht darauf getrimmt, sich vor »bösen Jungs« in Acht zu nehmen? Oder muss man sich bewusst in gefährliche Situationen begeben, in denen man dann krampfhaft versucht, *Superman* zu sein, und in Wirklichkeit schlottern einem die Knie und man würde sich am liebsten in Luft auflösen? Ist das Leben einfacher, wenn man keine Periode bekommt und mit einem Penis durchs Leben geht, oder baumelt einem das Ding lästig im Weg herum, und man wünschte sich, ein Mädchen zu sein und Kinder bekommen zu können?

Wie ist das, wenn man im Stehen pinkelt und seinen Penis auf der Toilette aus dem Hosenschlitz packt, Seite an Seite mit fremden Jungs und Männern?

Da Mädchen nicht mal so eben für einen Tag eine Geschlechtsumwandlung vornehmen können, gibt's nur eins: nachfragen.

John, 16 *»Wie es ist, dauernd was runterbaumeln zu haben? Wie immer halt, es gehört einfach dazu. Auf der Toilette ist es so, dass eigentlich jeder versucht, dem anderen nicht zuzuschauen, bzw. guckt, ob der andere guckt. In einem Alter, wo man noch wächst, ist das manchmal problematisch. Einige Jungs sind vielleicht schon reifer und machen sich dann über die anderen, die noch nicht so weit sind, lustig. Obwohl das ziemlich lächerlich ist, denn wie jeder weiß, ist der Penis im schlaffen Zustand so oder so sehr viel kleiner als im steifen.*

Leander, 17 *Ich finde, man hat als Junge mehr Ver-antwortung, egal in welcher Hinsicht. Wenn man mit sei-ner Freundin unterwegs ist, hat man dafür zu sorgen, dass sie gut nach Hause kommt. Man muss quasi immer stark sein, obwohl ich der Meinung bin, dass auch Jungs Gefühle zeigen dürfen, denn dafür braucht es viel mehr Mut, als sie zu verstecken.*

Wahrscheinlich würden Jungs gern mal ausprobieren, wie es ist, ein Mädchen zu sein, mal die ›andere Seite‹ in allen Hinsichten zu erforschen. Die Geschlechter, aber auch die vielen anderen Freiheiten, zum Beispiel sich an-ders zu kleiden. Aber trotz allem bin ich lieber ein Junge, denn immer zu denken, dass ich zu dick bin, einen zu kleinen Busen habe oder ähnliche typische Mädchenpro-bleme, das möchte ich eigentlich nicht.«

Ein Indianer kennt keinen Schmerz

Jungs sind genauso unterschiedlich wie Mädchen. Es gibt die Fußballinteressierten, die Gangsta, die Reggae-Fans, die Lese-begeisterten, die politisch Aktiven, die Computer-Freaks und noch viele mehr. In manchen Situationen wünschen sie sich vielleicht, cool zu sein, unangreifbar, bewundert und stark, und in anderen wollen sie sich am liebsten in ihr Bett verkriechen und niemandem etwas beweisen müssen. Es gibt Jungs, die Spaß an schönen Muskeln haben, und welche, die jeden Tag ins Fitness-Studio gehen, weil sie hoffen, mit Muckis ließe es sich geschützter leben.

Einige Jungs wurden vielleicht schon von ihren Klassenkameraden gehänselt oder verprügelt oder von der Lehrerin runtergeputzt und haben so erfahren, dass ein weinender Junge, der Gefühle zeigt, Gefahr läuft, als »Weichei« oder »Warmduscher« abgestempelt zu werden. So mancher Junge fühlt sich unter einem genauso großen Druck, stark sein zu müssen, wie viele Mädchen unter dem Stress stehen, schön sein zu müssen.

»Ein Indianer kennt keinen Schmerz« – dieser Spruch ist eine »Weisheit«, die aus den Indianergeschichten zur Zeit der Eroberung Amerikas stammt. Wenn ein Indianer bei feindlichen Stämmen in Gefangenschaft geriet und an den Marterpfahl kam, wurde er mit Messern, Pfeilen und Feuer gequält. Doch die stolzen Apachen oder Sioux wollten ihren Gegnern keinen Gefallen tun und versuchten deshalb, sich den Schmerz nicht anmerken zu lassen. Davon, dass sie ihn nicht spürten, kann natürlich keine Rede sein. Wenn ihnen jemand gegen das Schienbein trat oder mit einem Messer tief in die Haut ritzte, war ihnen genauso zum Weinen zumute wie jedem anderen Menschen auch. Das Einzige, was man lernen kann, ist, seinen Schmerz zu unterdrücken, so wie es ein indischer Fakir tut, der auf einem Nagelbrett sitzt.

Es gibt Situationen, in denen Jungs versuchen, sich wie die Indianer »eisern« zu geben und sich nichts anmerken zu lassen. Das führt manchmal dazu, dass sie lernen, ihre Gefühle möglichst tief zu vergraben. Andere Jungs sind offen, neugierig und hilfsbereit, gehen aber Wettbewerben und Mutproben lieber aus dem Weg. Aus Unsicherheit, wenn sie in die Nähe von Mädchen kommen, spielen einige vielleicht den Hampelmann oder geben sich betont lässig.

Manche Mädchen lassen sich von äußerlich coolen Jungs beeindrucken, ihnen gefällt die Vorstellung, einen Helden vor sich zu haben, der sie ritterlich verteidigen würde, wenn feindliche »Truppen« sie gefangen nähmen. Andere können nicht so viel damit anfangen, wenn Jungs ihre weiche Seite verbergen.

Johanna, 15 »*Doof find ich ganz coole Jungs, die einen Machogang haben und die Arme so weit auseinander tragen, als hätten sie eine Rasierklinge unterm Arm.*«

Jungs starten später

Während deine Freundinnen und du sich vielleicht schon mit Busen, BHs und Binden befassen, ist bei den meisten Jungs in eurer Klasse äußerlich noch gar nicht viel zu sehen. Ihr Hormonchef heißt Testosteron, und der lässt es etwas ruhiger angehen als dein Östrogen.

Während die Größe von 10-Jährigen Jungs die Größe von gleichaltrigen Mädchen im Schnitt um einen Zentimeter überschreitet, überholen die Mädchen die Jungs in der Länge zwischen dem elften und dreizehnten Lebensjahr. Manche Jungs sind dann kleiner als Mädchen im gleichen Alter und machen sich vielleicht Sorgen um ihre Größe. Aber das ist nur eine Phase, die die Natur so eingerichtet hat.

Warum das so ist, darüber gibt es keine gesicherten Erkenntnisse, sondern eher philosophische Überlegungen. Eine Idee ist, dass es mit der Selbsterhaltung der Menschheit zu tun haben könnte: Frauen sollten so früh wie möglich in der Lage sein, Kinder zu bekommen, gerade vor vielen hundert Jahren, als die Lebenserwartung der Menschen noch nicht so hoch war. Die Jungs hingegen durften etwas älter und erfahrener sein, um ihren Part des Familienernährers ausfüllen zu können.

Äußerlich sichtbar verändert sich der Jungenkörper erst mit ungefähr elf, zwölf Jahren. Der Penis wird dicker, die Hoden werden größer, Achsel- und Schamhaare sprießen und die Brustwarzen verhärten sich. Etwas später kommen Stimmbruch, Pickel, Barthaare und der erste Samenerguss.

Nackte oder behaarte Brust

Genau wie bei Mädchen geht es mit dem Haarwuchs erst mal unter den Armen und an den Geschlechtsorganen los. Später kommen Haare auf den Beinen und Unterarmen und schließlich auch auf der Brust hinzu.

Wie dicht dieser Haarwuchs wird, ist sehr unterschiedlich und erblich bedingt. Einige Männer schleppen einen ganzen »Urwald« mit sich herum, andere haben eine eher kahle Brust. Manche Mädchen und auch Jungen selbst finden eine unbehaarte Brust schöner, manche eine behaarte. Das ist reine Geschmackssache.

Zu guter Letzt wachsen noch die Haare im Gesicht. Lange Zeit sprießt bei vielen Jungs nur ein leichter Flaum auf der Oberlippe, nichts Halbes und nichts Ganzes. Ein richtiger Bart wächst meist erst zwischen dem achtzehnten und zwanzigsten

Lebensjahr. Aber das Rasieren geht natürlich schon früher los, statt BH brauchen Jungs einen Rasierapparat, wenn sie die Fusseln stören.

Schmale Hüften, breite Schultern?

Das Körperwachstum ist bei Jungs genauso wenig vorhersagbar wie bei Mädchen. Es verläuft in mehreren Schüben; der letzte kommt ungefähr mit siebzehn oder achtzehn Jahren.

Unterschiede gibt es natürlich in der Form: Während sich bei dir die Hüften und Oberschenkel runden, wird bei Jungs der Oberkörper breiter und das Becken bleibt schmal. Jungs müssen ja keine Kinder austragen.

Jungs-Busen

Du hast richtig gelesen. Auch einige Jungs bekommen einen leichten Busen, also gewölbte Brüste, und diejenigen, bei denen das der Fall ist, sind ebenso verwirrt. Wenn ihre Brüste zu wachsen beginnen, vergrößern sich manchmal nicht nur die Brustwarze und der Warzenhof, sondern auch das Gewebe unter den Brustwarzen schwillt an. Das kann den Betroffenen einen ziemlichen Schrecken einjagen. Von Brustkrebs bis zu der Frage »Bin ich doch ein Mädchen?« haben dann manche alles an Horrorvisionen vor Augen. Doch sie brauchen keine Panik zu haben: Nach etwa einem Jahr bildet sich dieser »Busen« zurück und die Brust geht in die Breite. Einige Jungs merken auch gar nichts davon, das ist unterschiedlich.

Krächzer und Kiekser

Was die männlichen Hormone mit der Stimme der Jungs anstellen, gleicht nicht selten einer akustischen Achterbahnfahrt.

Meist so zwischen elf und dreizehn Jahren geht das los: Plötzlich entgleist ihnen die Stimme nach oben oder nach unten, und sie können nicht kontrollieren, wohin sie verrutscht. Einigen Jungs bleibt diese Phase auch erspart, bei anderen ist sie umso heftiger.

Die Stimmverirrung hat ihren Grund darin, dass auch der Kehlkopf vom allgemeinen Pubertätswachstum erfasst wird und sich die Länge der Stimmbänder verdoppelt. Und diese viel längeren Stimmbänder klingen natürlich anders als die kurzen.

Bei Mädchen verändern sich Stimmbänder und Kehlkopf auch. Aber bei ihnen hat dies zur Folge, dass die Stimmfrequenzen sich verbreitern, ihre Stimme also einen größeren Tonumfang bekommt. Wenn du an die Stimme von Sopranistinnen denkst, die ja sehr hoch singen, kannst du dir das vielleicht vorstellen. Von den Kiekserm bleiben die Mädchen in der Regel verschont.

Penis und Partner

Penis, Pimmel, Glied, Rohr, Dödel, Schniedel, Pillermann, Puller, Schwanz oder verniedlicht »Schwänzchen« – es gibt viele Namen für das männliche Genitale. Manche Leute bemühen, ähnlich wie bei der weiblichen Brust (Orangen, Äpfel), auch

Lebensmittel – Wurst, Banane –, um ein Wort zu finden, das sie aussprechen können, ohne rote Ohren zu bekommen.

Die Entscheidung für ein Favoriten-Wort fällt vielleicht etwas leichter als bei den weiblichen Geschlechtsorganen, hier wird abwechselnd »Penis« oder »Pimmel« benutzt. Beides ist nicht abfällig zu verstehen. »Penis« ist mittlerweile so eingedeutscht, dass sich die lateinische Herkunft nicht mehr allzu fremdartig anhört, »Pimmel« ist etwas umgangssprachlich und hört sich nicht so medizinisch an.

Aber der Pimmel allein macht noch kein männliches Genitale komplett, unmittelbare Partner sind die Hoden. Sie werden auch »Eier« oder »Bälle« genannt. Schön eingepackt in einen Beutel, den Hodensack, sitzen sie direkt hinter dem Penis.

Genau wie bei Mädchen und Frauen gibt es auch für die Gesamtheit der männlichen Geschlechtsorgane keine griffige Bezeichnung. Da ist ebenfalls noch ein Wörterwettbewerb nötig.

Penisgröße

Penis und Hoden wachsen in der Pubertät – und damit geht der Stress oft los. Aus Sorge, nicht richtig gebaut zu sein, beschäftigen viele Jungs vor allem zwei Fragen: »Wie lang ist deiner?« und »Wie lang muss er überhaupt sein?«

Den Gedanken nach zu urteilen, die Menschen sich darüber schon gemacht haben, stehen der Penis und seine Länge in proportionalem Zusammenhang zu seiner Liebesfähigkeit und Liebeskunst. Wer einen »Langen« hat, der ist gut im Bett, der hat die Mädels »im Griff«.

Die Leute, die diesem Irrglauben aufsitzen, kennen sich weder mit Mathematik noch mit Sex wirklich aus. Pimmelgröße und Qualität des Sexes haben genauso viel miteinander zu tun wie die Größe deines Busens mit deiner Fähigkeit, sensible Berührungen zu empfinden – nämlich gar nichts. Jungs können das Metermaß also getrost wieder weglegen. Penisse und Hoden sind, genau wie Brüste, Gebärmütter und Scheiden, ganz unterschiedlich. Es gibt kleine, große, dicke, dünne. Das ist völlig normal und gut so.

Die Hoden wiederum werden mit Eigenschaften wie »Rückgrat haben« oder »Mutig sein« in Verbindung gebracht. Wenn jemand »keine Eier hat«, so steht er zu nichts, wenn jemand »Eier hat«, ist er wagemutig, ein »richtiger« Mann, der sich was traut. Die Engländer sagen übrigens »Bälle haben«, »to have balls«. Nicht wenige glauben also, von den Geschlechtsorganen könne man gleich auf den ganzen Menschen schließen. Das setzt sich fort in Weitpinkel-Wettbewerben, Mutproben und Größenvergleichen unter der Dusche. – Auch kein leichtes Los für Jungs, die in der Pubertät ebenso von ihrer körperlichen Entwicklung überrascht werden wie Mädchen.

In Wirklichkeit gibt es keine Unterschiede wie zwischen Mini-Cigarillo und Riesen-Zigarre: Wenn Penisse in schlaffem Stadium noch relativ unterschiedlich groß sind, so sind die Größenunterschiede in erregtem Zustand gar nicht mehr weltbewegend. Es kann sein, dass ein kleinerer Penis, wenn er steif wird, sich auf das Drei- oder Vierfache ausdehnt, ein im erschlafften Zustand großer Penis aber längst nicht in entsprechendem Maß größer wird. Und ein ungewöhnlich kleiner Penis ist die absolute Ausnahme, kommt also nur ganz, ganz selten vor.

Leander, 17 »*Wettpinkeln und Größenvergleich find ich bescheuert. Außerdem macht man das nur, wenn man noch jünger ist. Sobald man älter wird, spielt das keine Rolle mehr. Im Freundeskreis aber, da kommen Größenvergleiche schon immer wieder mal vor. Ich persönlich würde sagen, dass das Schwachsinn ist. Jeder Mensch ist eben anders.*«

In Studien wurde die Länge eines Durchschnitts-Penis auf 15 Zentimeter ermittelt. Das heißt, auch ein Penis, der ein paar Zentimeter länger oder kürzer ist, ist völlig normal. Von 50000 befragten Männern glaubten 12 Prozent ihr Penis sei zu klein. Eine Untersuchung kam zu dem Ergebnis, dass keiner dieser Männer wirklich einen sogenannten »Mikropenis« hatte.

Was baumelt denn da?

Der Penis des Jungen ist wie ein Rohr geformt. Er besteht aus drei Teilen: Der Peniswurzel, dem Penisschaft und der Eichel.

Die Wurzel ist im Inneren des Körpers verborgen. Mit »Schaft« ist das eigentliche Rohr gemeint. Dieses Rohr besteht aus drei Schwellkörpern. Das sind Biträume, die die Harn-Samen-Röhre umschließen. Bei Mädchen befinden sich solche Schwellkörper im Kitzler, in den Schamlippen und am Scheideneingang.

Im Alltagszustand hängt das Glied schlaff herunter. Bei se-

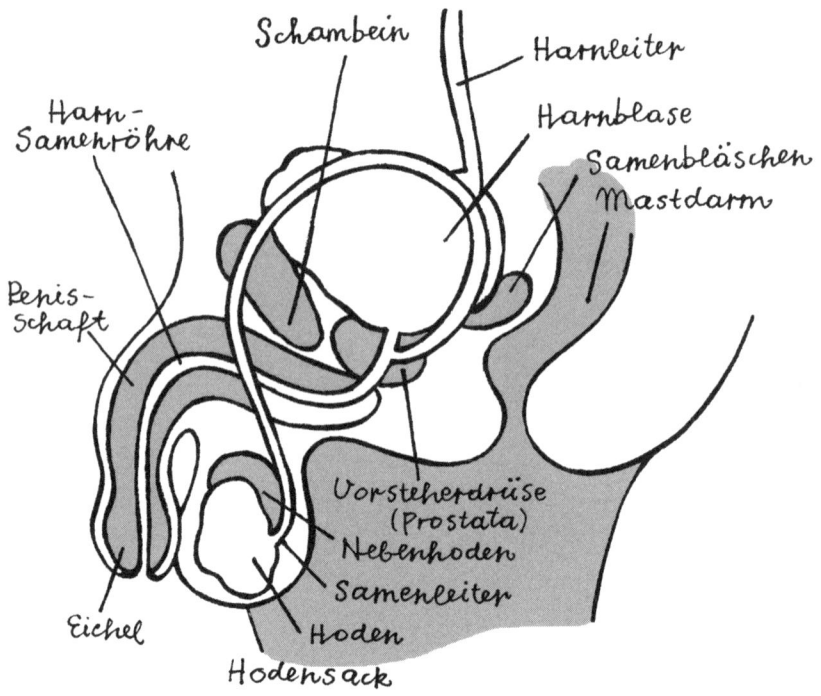

Schambein

Harnleiter

Harn-Samenröhre

Harnblase

Samenbläschen

Mastdarm

Penis-schaft

Vorsteherdrüse
(Prostata)

Nebenhoden

Samenleiter

Eichel

Hoden

Hodensack

xueller Erregung füllen sich die Schwellkörper verstärkt mit Blut. Dann richtet sich das kleine, weiche Glied auf und wird härter und größer. Das nennt man »Erektion«.

An der Spitze des Gliedes befinden sich Vorhaut und Eichel. Die Vorhaut ist eine dünne, dehnbare Haut, die die Eichel bedeckt. Das Hin- und Herschieben der Vorhaut ist für Jungs sehr lustvoll. Die Eichel des Jungen, die unter der Vorhaut versteckt liegt, ist wie der Kitzler des Mädchens der sexuell empfindlichste Körperteil, denn hier befinden sich viele Nervenenden, die leicht erregbar sind. Die Eichel ist sozusagen die »Perle« der Jungen.

Beschneidung

In vielen Teilen der Welt werden Jungen beschnitten. Das Wort »Beschneidung« kommt aus dem Mittelhochdeutschen von »besniden« und heißt so viel wie »stutzen, zurückschneiden«. Bei diesem Eingriff wird die Vorhaut, die vorne am Penis die Eichel umhüllt, ein Stück oder komplett abgeschnitten. Es kann sein, dass dann die Eichel frei zu sehen ist und der kleine Rest der Vorhaut zurückschnellt. Dann sieht sie aus wie ein aufgerollter Strumpf.

Die Zugehörigkeit zu einer Religion ist ein häufiger Grund dafür, dass Eltern ihre Söhne beschneiden lassen. Muslimische und jüdische Jungen werden oft schon sehr früh beschnitten – manche schon im Alter von ein paar Tagen, andere zwischen dem Kindergartenalter und dem dreizehnten Lebensjahr. Das Ritual wird in der Familie mit einem großen Beschneidungsfest gefeiert.

In manchen Kulturen steht der Ritus der Beschneidung auch für die Aufnahme des Jungen in die Männerwelt, markiert also den Schritt vom Kind zum Erwachsenen.

Die Jungen der Yaka in Südwestzaire werden von den Müttern und Geschwistern getrennt und anschließend an der Vorhaut beschnitten. Drei Jahre lang müssen sie dann die männliche Rolle einüben. Nach Abschluss dieser »Lehrzeit« maskieren sie sich und führen Tänze auf, mit denen sie Kinder, Mädchen und Frauen erschrecken und die Macht der Männer demonstrieren.

Es gibt verschiedene Theorien darüber, woher der Brauch der Beschneidung kommt. Eine interessante Herleitung des Ritus findet sich bei den alten Ägyptern.

Die alten Ägypter hielten die Schlange für ein unsterbliches Tier, weil sie ihre Haut abwerfen und erneuern kann. Bei der Beschneidung des männlichen Penis sollte die Schlangenhäutung symbolisch nachvollzogen und so die Seele der beschnittenen Männer unsterblich werden. Frauen, die nicht auf diese Weise beschnitten werden können, hatten demnach keine Möglichkeit, den Status der Unsterblichkeit zu erlangen. Die alten Ägypter schlossen daraus, dass Frauen gar keine Seele hätten.

Wenn ein deutscher Junge nicht muslimischen Glaubens beschnitten wird, so hat das in der Regel medizinische Gründe, zum Beispiel wenn die Vorhaut so eng ist, dass man sie nicht über die Eichel zurückziehen und hin- und herbewegen kann. Das ist zum einen sehr schmerzhaft, zum andern ist es dann nicht möglich, den Penis unter der Vorhaut zu waschen. Das ist aber wichtig, um das Smegma zu entfernen, zu dem man bei Jungs auch »Pimmelkäse« oder im Englischen »duck butter«, also Entenbutter, sagt. Wenn Jungs das weiße, etwas krümelige Drüsenfett nicht regelmäßig abwaschen, bilden sich unter der Vorhaut Bakterien, die Entzündungen hervorrufen. Zudem besteht dann die Gefahr, dass die Bakterien beim Sex weitergegeben werden.

Ist die Vorhaut normal ausgebildet, sind hygienische Gründe für die Beschneidung oft nicht haltbar. Denn wenn sich ein Junge unter der Vorhaut wäscht, kann er seinen Penis sehr gut sauber halten.

Manche Männer lassen ihren Penis im Erwachsenenalter beschneiden, weil sie das schöner finden. Das ist dann eine Geschmacksfrage.

Samenzellen

Die Hoden sind sozusagen die »Schatztruhe« der Männer. In ihnen werden ab der Pubertät vermehrt die Samenzellen oder auch »Spermien« gebildet.

Die Hoden hängen nicht zufällig an den Jungs und Männern außen dran, sondern sehr begründet: Die Samenzellen dürfen nicht zu warm werden. Säßen sie im Körper, bildeten sie sich aufgrund der Temperatur nicht in ausreichendem Maße nach, würden müde und träge oder sogar ganz zerstört. Dann wären sie nicht »schlagkräftig« genug, wenn es darum geht, im Körper der Frau eine Eizelle zu erwischen und sie zu befruchten.

In den Hoden gibt es viele kleine Kanäle, die wiederum in weitere Kanäle der Nebenhoden münden. Diese Nebenhoden liegen etwas oberhalb, um ihre »großen Brüder« geschmiegt, und sind dazu da, neu produzierte Samenzellen einzulagern und ihnen noch etwas Zeit zur Nachreifung zu geben.

Sind sie reif genug, gelangen die Samenzellen in die Samenleiter. Die Samenleiter sind ungefähr 25 bis 30 Zentimeter lang. Sie transportieren nicht nur die Samenzellen, sondern speichern sie auch.

Samenzellen sind, ähnlich wie Eizellen, unvorstellbar klein. Wenn du dir einen Punkt am Satzende vorstellst – auf den passen ungefähr tausend Samenzellen. Das erklärt auch, warum unglaublich viele Samenzellen in den Hoden Platz haben und der Vorrat nie ausgeht. Etwa tausend Samenzellen, also ein Punkt, werden pro Sekunde neu gebildet und eingespeichert.

Bei einem Samenerguss werden vierzig Millionen, manchmal sogar einige hundert Millionen Samenzellen ausgestoßen.

Manche Jungs haben Sorge, ihnen ginge irgendwann der »Saft« aus, nach dem Motto »Tausend Schuss und dann Schluss«. Aber da gibt es keinen Grund zur Sparsamkeit: Für Nachschub ist gesorgt.

Umgekehrt ist es genial eingerichtet, dass der Speicher nicht irgendwann »überfüllt« ist. Das heißt, auch wenn Jungs nicht regelmäßig einen Samenerguss haben, werden die Hoden nicht platzen.

Früher gab es die Vorstellung, Männer müssten regelmäßig Sex haben, um sich zu »entladen« bzw. um nicht »überzulaufen«, so, als funktionierten sie wie ein Dampfdruck-Kochtopf. Den Frauen wurde weisgemacht, Männer könnten ihre Triebe nicht steuern, sondern seien Opfer ihres Sexualtriebes. Also könnten sie auch nichts dafür, wenn sie dringend Sex haben müssten.

Anatomisch gesehen ist das absoluter Quatsch. Denn überschüssige Samenzellen bilden sich zurück. Das ist so ähnlich wie bei einem Bluterguss. Da ist eine Stelle unter der Haut ganz rot und blau, aber mit der Zeit wird sie gelblich, grün und irgendwann verschwindet sie.

Wie lange leben Samenzellen?

Die Lebensdauer von Samenzellen hängt ganz von dem Schicksal ab, das sie erwartet. Wenn sie an die Luft kommen, leben sie noch etwa ein bis zwei Stunden und so lange sind sie auch noch befruchtungsfähig. Danach werden sie unbeweglich und das war's dann. Im Körper der Frau, wo sie Nährstoffe und Wärme haben, können sie hingegen zwei bis fünf Tage lang das Leben genießen. In den Nebenhoden und im Samenleiter, wo sie sich während der Reifung befinden, haben sie eine Lebensdauer von mehreren Monaten, bis sie sich zurückbilden.

Feuchte Träume

Wann kommt der erste Samenerguss? Diese Frage beschäftigt die Jungs mindestens genauso wie Mädchen die Frage, wann ihre erste Periode einsetzt. Eine ordnungsgemäße Voranmeldung, so dass der Junge schon mal die Einladungskarten für die Party rausschicken kann, gibt es nicht. Einziger Anhaltspunkt ist der Stimmbruch.

Die Spermienbildung beginnt im Durchschnitt zwischen dem elften und dem vierzehnten Lebensjahr, also wenn die Pubertät schon in vollem Gange ist, die Schambehaarung sich zeigt, Penis und Hoden wachsen und eben auch der Stimmbruch einsetzt. Irgendwann so um den Dreh kommt er dann, der erste Samenerguss, entweder durch Selbstbefriedigung oder ganz unbemerkt im Schlaf. Dann spüren Jungs lediglich morgens, dass sie eine feuchte Unterhose haben, oder sie entdecken Samenflüssigkeit im Bett. Das nennt man »feuchte Träume«. Die lassen übrigens mit dem Ende der Pubertät nach.

Sexuelle Erregungen gibt es, ebenso wie bei Mädchen, schon vor dem Samenerguss. Bei manchen Jungs kann bereits im Alter von fünf oder sechs Jahren Flüssigkeit aus dem Penis kommen, sie enthält dann jedoch noch keine Samenzellen.

Jetzt geht es mit geballter Kraft weiter: Jungen bekommen »einen Steifen« – manchmal bei antörnenden Phantasievorstellungen, manchmal schon bei leichter Reibung der Hose, manchmal haben sie ihn schon, wenn sie morgens die Augen aufschlagen.

Der steife Penis morgens beim Aufwachen nennt sich »Morgenlatte«. Oft hat diese Erektion gar nichts mit sexueller Erregung zu tun. Die Morgenlatte entsteht vielmehr aufgrund eines von der Natur ziemlich schlau eingerichteten Mechanismus: Wenn sich in der Nacht die Blase mit Urin füllt, wird der Penis steif und verhindert so automatisch, dass sich der Muskel zwischen Harnblase und Prostata entspannen kann und die Harnblase sich entleert. Der Junge bekommt eine Erektion und muss erst mal nicht aufwachen und zur Toilette. – Sehr praktisch!

Das funktioniert übrigens bei Mädchen ganz ähnlich. Auch sie müssen bei Erregung nicht pinkeln, denn die Harnröhre wird durch die starke Durchblutung der Scheidenwand und des Gewebes so weit zusammengedrückt, dass kein Urin herausfließen kann.

Normalerweise ist die Harnblase der Jungs durch einen Muskelring gut verschlossen. Der sorgt auch dafür, dass nicht gleichzeitig Samenflüssigkeit und Urin aus dem Penis strömen können. Also, es geht schön der Reihe nach, und beim Geschlechtsverkehr muss man keine Angst haben, dass plötzlich Urin aus dem Penis kommt.

Der erste Samenerguss ist im Hinblick auf die Möglichkeit, Kinder in die Welt zu setzen, von gleicher Bedeutung wie die erste Blutung bei Mädchen. Beide sind das Startsignal für die Geschlechtsreife. Warum dieser besondere Moment bei Mädchen mit Blut und Ziehen im Unterleib, bei Jungs hingegen mit Samenflüssigkeit und Lustgefühlen verbunden ist, bleibt vorerst eines der vielen Geheimnisse der Natur. Fakt ist: Eisprung und Samen sind essentiell für die Fortpflanzung.

Glückstropfen

Wenn es schon kein Frühwarnsystem für den genauen Zeitpunkt des ersten Samenergusses gibt, so gibt es wenigstens ein deutliches Zeichen für Erregung: Die Vorab-Tropfen, die aus dem Penis quellen. Ganz oft sind diese ein Vorbote des Samenergusses, es kann aber auch sein, dass er nicht auf sie folgt. Die Tropfen haben wunderschöne Namen wie »Glückstropfen«, »Sehnsuchtstropfen« oder »Lusttropfen«, und darin spiegelt sich die Freude über die sexuelle Erregung wider.

Die Vorab-Tropfen sind glasig und durchsichtig, nicht weißlich-milchig wie der Samen selbst. Sie kündigen den Samen an, gleichzeitig reinigen sie die Harnröhre, d. h., sie rollen dem Samen sozusagen den roten Teppich aus. Beim Sex ist wichtig zu wissen: Auch schon der Glückstropfen kann einzelne Samen enthalten und zu einer Schwangerschaft führen. Also: Verhütung ist angesagt.

Der Glückstropfen bei Jungs ist vergleichbar mit der Lubrikation, also der Flüssigkeit, die bei Mädchen aus der Scheide kommt, wenn sie erregt sind. Eigentlich könnte man sie beide Glückstropfen nennen – und die Freude am Sex ist ja auch ein großes Glück, das die Natur dem Menschen geschenkt hat.

Liebe und Gefühle

Was ist Liebe?

> » Es ist vielleicht nicht die Geburt und auch nicht der Tod,
> die das Wichtigste im Leben eines Menschen sind. Es ist
> vielleicht die Liebe. Von allen Naturkatastrophen ist die
> Liebe die größte und auch die beste. «
> *Selma, 12, in dem Kinofilm »Die Farbe der Milch«*

Die Liebe zu erklären ist unmöglich. Es gibt Dichter, die dicke
Romane darüber schreiben, Sänger, die tausendundein Lied davon schmettern, und Menschen, die einfach nur verklärt die
Augen rollen und denen nicht mal ein kompletter Satz über
die Lippen geht angesichts dieses überwältigenden Gefühls.
Wenn du im Lexikon unter Liebe nachschaust, findest du Erklärungen wie »die dem Hass entgegengesetzte Zuneigung
zu bestimmten Personen, eng verbunden mit dem Gefühl der
Geborgenheit« oder »seelische Bindung speziell an den Geschlechtspartner und an die aus der Partnerschaft hervorgehende Nachkommenschaft«. Solche Formulierungen geben dir
wahrscheinlich nicht die leiseste Ahnung davon, was es bedeutet, wenn dieses Gefühl dich trifft, wie ein Blitz, ein Feuerwerk, eine Sintflut oder ein Hurrikan. – Du siehst, es werden
oft gewaltige Bilder und Vergleiche bemüht, um diesen unbeschreiblichen Ausnahmezustand doch in Worten einzufangen.
Noch irgendwelche Fragen offen?

Wie fühlt sich die Liebe an?

Rot, weich, kribbelig, atemberaubend, größenwahnsinnig, paradiesisch … es gibt tausend Begriffe, aber welcher passt?

Versuchen wir es mal anders. Wie beschreiben Jungs und Mädchen das Gefühl? Das wird dir vielleicht mehr sagen als die Definition aus dem Lexikon:

Jule, 13 »Liebe ist ein Gefühl, das im Herzen anfängt und dann in den Kopf steigt. Wenn man die ganze Zeit aufgeregt ist. Man hat lauter Schmetterlinge im Bauch und muss immer an diese Person denken. Es ist auch Liebe, wenn man eine enge Verbundenheit hat, zum Beispiel mit Eltern oder Geschwistern.«

Johannes, 17 »Man hat das Gefühl, auf Wolke sieben zu schweben. Man sieht alles um sich herum ein wenig schöner und manche Sachen fallen einem leichter. Man hat ein komisches Gefühl im Magen, aber es ist schön.«

Sarah, 16 »Ich glaube, es ist ein Gefühl, als wäre das Leben ausgefüllt. So, als hätte man das Gegenstück zu sich selbst gefunden.«

Oskar, 20 »Es ist sehr schön, mit ihr etwas zu machen. Es ist so ein Verlangen, etwas mit ihr zu machen. Ich bin immer glücklich, von ihr zu hören, von ihr zu lesen, sie zu sehen und sie zu berühren. Es kribbelt am gan-

zen Körper und die Zeit ist mir egal; ohne es zu merken,
ist es gleich Stunden später und die Tage sind im Nu um.«

Vielleicht warst du selber schon mal bis über beide Ohren verliebt oder bist es noch und weißt sehr genau, wie dir das Gefühl die Beine wegzieht oder dich erdet, dich beflügelt oder dich auf dem Boden herumkriechen lässt.

Woran merkt man, dass man verliebt ist?

Tom, 13 »*Wenn ich ein Mädchen seh, also ein schönes, wird mir voll heiß ... Irgendwie kriegt man voll so 'ne Wärme ... ja, und dann kippt man um, wenn sie so schön ist.*«

Noch so eine Frage, auf die es viele Antworten gibt. Manche Leute merken, dass sie verliebt sind, wenn sie plötzlich Sachen machen, die sie sich selbst nicht zugetraut hätten. Zum Beispiel stehen sie gerade an der Ladentheke, um ihre Kaugummis zu bezahlen, und in dem Moment sehen sie auf der anderen Straßenseite ihre Liebe vorbeiflattern. Sie lassen Rechnung Rechnung sein und die wütende Verkäuferin wütend und rennen kopflos, die Kaugummis fest im Griff, hinter der Person ihres Herzens her. Andere werden plötzlich stinksauer, wenn jemand aus der Klasse seine Jacke über die der Angebeteten hängt, weil sie seit einiger Zeit, ohne es zu merken, selbst ein Abo auf diesen Garderobenplatz gebucht haben. Vielleicht fällt dir auf, dass deine Gedanken plötzlich verrückt spielen, die Hirnwindungen sich unglaublich aufblähen, aber nur noch eine einzige Person darin Platz hat und für Matheaufgaben, Chemieformeln und Vokabeln einfach keine Speichermöglichkeit mehr vorhanden ist. Auch das könnte ein deutliches Zeichen sein. Und es kann passieren, dass zudem die Sicherungen deiner restlichen Körperteile durchbrennen: Wenn du in seine oder ihre Nähe kommst, fängt dein Bauch so komisch an zu kribbeln, als flögen tatsächlich irgendwelche Schmetterlinge darin herum, essen magst du überhaupt nicht mehr, deine Ohren werden rot wie Feuer, dein Herz rast wie ein Ferrari auf dem Hockenheimring, und wenn du versuchst, den Mund aufzumachen, um besonders schlaue oder coole Sätze zum Besten zu geben, bringst du nur noch unverständliches Stammeln hervor. Es passieren also ganz viele Dinge, von denen du dir wünschst, dass genau das Gegenteil eintrifft, nämlich, dass du schlau, cool, souverän und gescheit rüberkommst. Das sind eindeutige Zeichen.

Maja, 19 »*Ich hab gemerkt, mein Herz fängt an zu klopfen, mein Atem ist irgendwie total komisch, schnell und flatterig und überhaupt war ich so wahnsinnig nervös. Wenn ich ihn dann gesehen hab, wollte ich so sein, wie ich normalerweise auch bin. Also irgendwelche schönen Geschichten erzählen und lachen und heiter und locker sein. Ich habe versucht, so zu sein, und hab dann gemerkt, dass ich es gar nicht kann. Irgendwie ist mir einfach der Atem weggeblieben, und mir fiel nicht mehr ein, was ich eigentlich hatte erzählen wollen. Stattdessen stand ich einfach nur da und hab ihn angeguckt und am liebsten hätte ich ihm stundenlang zugehört und ihn geküsst oder ihn berührt.*«

Bloß nichts anmerken lassen

Manche Menschen sind von dem Gefühl des Verliebtseins so überrollt, dass ihr Gehirn automatisch die Parole ausgibt: »Bloß nichts anmerken lassen.« Sie lächeln jeden an, reißen selbst mit unbekannten Straßenpassanten Witze, bieten sich an, die schwere Einkaufstasche einer Oma zu tragen oder dem Klassennachbarn bei den Hausaufgaben zu helfen … aber die große Liebe?! Um die machen sie sicherheitshalber einen Riesenbogen und verhalten sich so, als wäre sie Luft.

Um es kurz zu machen: Falls du dich für diese Strategie entschieden hast, kannst du dir die Mühe sparen. Sie funktioniert nicht, denn sie ist kontraproduktiv – schließlich soll er ja was merken. Mehr noch, sie ist geradezu gefährlich, denn wenn du zu lange wartest, in irgendeiner Form Rauchzeichen auszusenden, riskierst du, dass am Ende eine Andere mit dem Jungen deines Herzens über den Schulhof flaniert.

Spätestens die roten Ohren, sobald er oder sie dich fragt, wie viel Uhr es ist, dein ungeschicktes Hantieren mit Schultasche und Fahrkarte an der Haltestelle, deine Blicke, die betont lässig in die Ferne schweifen und nur ganz unauffällig immer wieder in seinen Augen landen, haben dich vielleicht eh längst verraten. Das wäre jedenfalls nicht das Schlechteste, es sei denn, du findest Spaß daran, jemanden über Wochen, Monate, Jahre schmachtend aus der Ferne anzuhimmeln, und bist damit völlig zufrieden. Ansonsten vergiss die Parole »Bloß nichts anmerken lassen«, und nimm diese wunderbar ehrlichen Signale deines Körpers als hilfreiche Helfer, die den Weg zu deiner großen Liebe ganz schön abkürzen können. Zum Trost und zu deiner Orientierung denk dran: Rote Ohren lügen nicht, stottern vor lauter Verliebtsein ist völlig angemessen und auch die coolsten Jungs können nichts dagegen tun.

Maja, 19 »*Ich hab die Erfahrung gemacht, dass ich so genommen werde, wie ich nun mal bin, auch mit meinen halben Sätzen. Darüber haben wir auch gesprochen. Ich hab ihm gesagt:* ›*Hör mal, geht dir das nicht auf den Geist, wenn ich so komische Dinge sage?*‹ *Und dann fand er das ganz witzig und lachte drüber. Abgesehen davon ist es bei ihm genauso. Wenn ich drauf achte, fällt mir das schon auf und das ist überhaupt nicht schlimm.*«

Wenn andere was merken

Wenn du verliebt bist, kennst du vor allem ein Verlangen: Möglichst oft und viel in der Nähe deines Angebeteten zu sein. Liebe ist ein großes, gigantisches Gefühl, aber gleichzeitig ein sehr intimes. Deshalb haben die meisten Menschen große Angst, wegen dieses Gefühls verletzt oder gehänselt zu werden. Denn eins hast du sicherlich längst bemerkt: Wenn Liebesgefühle irgendwo herumschwirren, wird darüber geredet.

Liebe kann ganz schön verunsichern, nicht nur einen selbst, sondern auch andere, die nicht verliebt sind. Und um diese Unsicherheit zu überspielen, machen sie dann Witze, vielleicht auch aus Neid oder weil sie genau spüren, hier einen wunden Punkt zu treffen. Mit der Liebe anderer lassen sich nun mal gut Späße machen. Dies wiederum kann den Einfluss auf dich haben, dass du bei jedem Schritt, den du tust, im Kopf hast: »Was ist, wenn die anderen was merken?«, »Wenn der Brief in falsche Hände kommt?« Oder noch schlimmer: »Wenn mein Angebeteter sich darüber lustig macht?«

Diese ganzen bösen Gedanken und Vorahnungen halten manche davon ab, überhaupt einen Schritt in Richtung Liebe zu machen. Und das ist sehr schade, denn wie soll der Junge oder das Mädchen deines Herzens je von deinen Gefühlen erfahren, wenn du dich nicht traust, sie zu zeigen? Theoretisch könnte es ja sein, dass er oder sie genauso schüchtern und ängstlich ist, und dann sitzt ihr wie zwei Königskinder jeweils am anderen Ufer des Flusses und könnt nicht zusammenkommen. Das wäre wohl ausgesprochen vertane Liebe.

Zu deiner Beruhigung: Den Lästerern und Witzereißern wird das Lachen vergehen, wenn sie merken, du lässt dich nicht groß irritieren und stehst zu deinen Gefühlen. Dann werden sie ganz schnell den Spaß am Lästern und Witzeln verlieren. Dir fällt dein Bekenntnis zu deinen Gefühlen vielleicht etwas leichter, wenn du überlegst, dass die anderen dir eh nicht helfen können und du überhaupt nichts davon hast, ihnen zu gefallen.

Zu deinen sehr privaten, verletzbaren Gefühlen zu stehen, ist leichter gesagt als getan. Zumal du dir möglicherweise vorkommst wie jemand, der zum ersten Mal in seinem Leben auf Schlittschuhen steht und gerne sofort Pirouetten drehen würde. Aber, wer hat denn versprochen, dass die Sache einfach ist?

Was man bei Liebe machen muss

Nach Abwägen von allem Für und Wider wirst du möglicherweise zu der Erkenntnis gelangen: Es gibt nur eins – ran an den Speck.

Jetzt hast du viele Möglichkeiten, unter denen du auswählen kannst, je nachdem, ob du eher zum Draufgängertum neigst oder eher zurückhaltend bist. Du kannst eine Rose kaufen und zu ihm hingehen und sagen: »Ich liebe dich.« Das ist die ganz klassische Form, nicht für jeden geeignet. Eine andere, vorsichtigere Variante ist, sich erst mal möglichst häufig in ihrer oder seiner Nähe aufzuhalten, ihn immer wieder, auch mal länger, anzuschauen und zu gucken, ob er zurückschaut. Und es ist hilfreich, Informationen einzuholen: Wie lautet seine Handynummer? In welchen Chats tummelt er sich? Hat er schon eine Freundin? (Dann eher erst mal Finger weg, das könnte Trouble geben.) Interessiert er sich für Kino? Welche Musik hört er? – All diese Infos können dir Anknüpfungspunkte geben, um Kontakt aufzunehmen, ohne gleich mit der Tür ins Haus zu fallen. Manche finden es auch hilfreich, Freunde einzuweihen und vielleicht sogar zu bitten, als Vermittler zu fungieren und deinen Herzensprinzen auf die nächste Party einzuladen.

Vielleicht kannst du auch erst einmal etwas über seine Hobbys herausfinden. Wenn du weißt, er liebt Drachenfliegen, wartest du auf den nächsten Wind, greifst zum Telefon und ihr macht eine Drachen-Partie. Geht das Timing dabei schief und hat der Wind sich längst gelegt, wenn ihr auf der Wiese ankommt, dann könnt ihr immer noch überlegen, was ihr mit dem angebrochenen Nachmittag anfangen wollt, jetzt, wo ihr schon mal da seid ... Ob ihr lieber einen Spaziergang macht oder Fußball spielt oder einfach irgendwo gemütlich einen Caffè Latte schlürfen geht und euch dabei tief in die Augen schaut – alles ist erlaubt. Es gibt in der Liebe keine vorgeschriebenen Regeln, also frag dich selbst, wobei du dich wohl fühlen könntest und was du gern riskieren möchtest.

Ein bisschen Risiko ist natürlich immer dabei. Aber: Wer nicht wagt, der nicht gewinnt. Die Prinzen, die vom Himmel in deinen Schoß fallen, sind eher selten oder vielleicht nicht die, die du dir ausgesucht hast.

Wie macht man jemanden in sich verliebt?

Wenn du jemanden in dein Herz geschlossen hast, ist es natürlich eine wichtige Frage, wie du es anstellen kannst, dass er dasselbe mit dir tut.

Es könnte sein, dass du weißt, er geht gern ins Fitness-Studio, und direkt bist du die Nächste, die sich dort anmeldet und Hanteln stemmt, obwohl du eigentlich lieber tanzen gehst und mit Krafttraining wenig am Hut hast. Vielleicht hast du auch gehört, er mag ganz besonders Rothaarige, und du hast nichts Eiligeres zu tun, als dein gesamtes Taschengeld zusammenzukratzen und beim Friseur aufzulaufen, um dir die Haare rot färben zu lassen. Oder er trägt ständig und immer silberne Turnschuhe, und du schließt daraus, dass er auf Mädchen mit silbernen Turnschuhen steht, und pumpst deinen großen Bruder an, um für dich auch welche kaufen zu können, obwohl du

persönlich lieber grüne Ballerinas trägst und überhaupt keine Idee hast, wie du deine Schulden jemals zurückzahlen sollst.

All das ist möglich, ist aber als Methode komplett ungeeignet, selbst wenn es dir gelingt, auf dich aufmerksam zu machen. Es wird ein Eiertanz sein, dich immer weiter zu verstellen und als jemand auszugeben, der du gar nicht bist.

Wenn du also darauf aus bist, geliebt zu werden mit den Vorlieben und Besonderheiten, die du wirklich hast, dann betone eher das, was du an dir magst und gut findest. Zeig, dass du gern lachst oder dass du gut zeichnen kannst und dass dir dein Rock, den du zum Geburtstag bekommen hast, wirklich gut steht. Und vertrau darauf: Auf Dauer kannst du die Liebe sowieso nicht beeinflussen. Es gibt kein Rezept. Vielleicht mag er dich, weil er dein Muttermal an der Oberlippe so schmuckvoll findet, vielleicht, weil du bei Wind und Wetter mit dem Fahrrad fährst und nach einem Regenschauer deine Haare so süß platt am Kopf liegen, vielleicht sind es aber auch deine Augen und deine Art, dich zu bewegen. You never know. Bei solch wichtigen Dingen stochert man ziemlich im Nebel und gerade deshalb ist und bleibt die Liebe ein Geheimnis.

In wen verliebt man sich?

Was der eine mag, findet der andere ganz scheußlich. Manche Menschen verlieben sich, weil sie das Gefühl haben, der andere sei ihnen so ungemein ähnlich. Er hat die gleiche Haarfarbe wie sie selbst, teilt die Leidenschaft zum Segeln und trägt die gleichen Socken. Andere verlieben sich, weil sie glauben, die Geliebte sei so anders als sie selbst. Er findet sie so ruhig, so

ausgeglichen, so sanft, so sportlich, so unangepasst, so mutig ...
Alles Dinge, von denen er glaubt, sie selbst nicht zu haben, und
die er gerade deshalb so bewundert. Manche verlieben sich ausgerechnet in den Star der Klasse, obwohl oder weil alle in ihn
verliebt sind und sie auf jeden Fall in einen großen Wettbewerb
eintreten müssen. Andere entdecken ihr Herz für die absoluten
Außenseiter und sind davon genauso irritiert:

Johann, 17 »*Vera ist sehr zurückhaltend und eine
ziemliche Außenseiterin. Ich selbst bin übrigens auch
eher ein Außenseiter. Sie liest wahnsinnig viel, wahnsinnig schnell, wahnsinnig gerne, und es ist mir ein totales
Rätsel, was ich an ihr so anziehend finde. Jedes Mal,
wenn sie mich ansieht, wird mir ganz mulmig zumute.
Ich denke sehr oft an sie und nachts träume ich von ihr.*«

Wie sich die Mischung aus Leseratte und Leseratte oder aus
Tänzerin und Boxer in einer Liebesbeziehung weiterentwi-
ckelt, weiß man nie. Manchen gehen dann gerade die Dinge
auf den Geist, in die sie sich verliebt haben, und ihnen sind die
Unterschiede mit der Zeit zu krass, andere vermissen den Kon-
trast. Alles kommt vor.

Wie merkt man, ob der andere auch verliebt ist?

Ist er auch in mich ...? Die bange Frage treibt natürlich alle
Verliebten um. Wenn du noch keinen Maibaum mit seiner
Visitenkarte vor deinem Fenster gefunden hast und auch noch

kein Herz auf deiner Wohnungstür mit euren Initialen und seiner Unterschrift, dann vertrau vor allem auf dein Gespür. Schaut er dich auch länger an oder guckt er betont in die andere Richtung? Wirkt er so nett und offen wie immer oder genauso gleichgültig, wie wenn er sich zum hunderttausendsten Mal von seiner Mutter anhören muss, dass sein Zimmer nicht aufgeräumt ist? Wie reagiert er, wenn du ihn anlächelst? Was passiert, wenn du dich in seine Nähe begibst? Bleibt er oder sucht er das Weite? Bittet er dich schon mal um Rat oder sogar um ein Date? Oder macht er sich gar über dich lustig und benimmt sich eher abweisend? – Das alles sind Gesten, die du ohne Worte schon mal ganz gut beobachten und deuten kannst. Wenn du dir nicht so recht einen Reim auf sein Verhalten machen kannst, dann hängt es wiederum von deinem Mut ab, einen Testballon steigen zu lassen. Kommt er zu einer Party, wenn er weiß, dass du auch da bist? Wenn ja, wie verhält er sich dort dir gegenüber?

An den Signalen, die jemand willkürlich oder unwillkürlich aussendet, kann man schon ganz viel ablesen, aber natürlich längst nicht alles. Es kann ja auch sein, dass in seinem Kopf die Parole »Bloß nichts anmerken lassen« schwirrt, weil ihm noch nie jemand gesagt hat, dass das eine unterirdische Methode ist. Wenn du sein Verhalten überhaupt nicht zu deuten weißt, frag andere, deine Freunde, seine Freunde, was sie von der Sache halten, ob sie bereit wären, Vermittler zu spielen, oder aber fass dir selbst ein Herz mit einem Brief oder einer Frage. Puh …

Wie schreibt man Liebesbriefe?

Wenn es dir nicht reicht, deinen Schwarm von weitem anzuhimmeln und du lange genug gewartet hast, um irgendein Zeichen zu deuten, deine hellseherischen Fähigkeiten aber zu
wünschen übrig lassen und dir langsam der Geduldsfaden
reißt, ist es vielleicht an der Zeit, dass du den ersten Schritt
machst – mit Worten, Taten, durch Freunde oder eben per
Brief.

Liebesbriefe sind ein gutes Medium, wenn du nicht so der
forsche Typ bist, der mit Rose und Liebeserklärung vorbeikommt, sondern du dir lieber noch einen kleinen Puffer ein-
baust. Das Gute daran: Wenn du dich hinsetzt und schreibst,
kannst du dir ganz genau überlegen, was du sagen willst, und
der Empfänger hat die Chance, sich zu überlegen, wie er oder
sie reagieren möchte. Wenn du sehr unsicher bist, ob deine
Liebe erwidert wird, bist du so auf jeden Fall nicht direkt der
möglicherweise negativen Reaktion deines Angebeteten ausgesetzt. Zudem schaltest du auf dem Papier die körperlichen
Verräter aus, deine roten Ohren sieht keiner und ins Stottern
wirst du auch nicht geraten. Das können für dich große Vorteile sein, wie gesagt, je nachdem was dir am ehesten liegt.

Wichtig für Stil und Inhalt des Briefes ist eigentlich nur:
Schreib lieber nicht mit Computer und trag nicht zu dicke auf.
Das heißt: Ein zarter Parfümduft reicht, es muss nicht schon
der Briefträger die Nase rümpfen, wenn er den Brief aus der
Tasche holt. Sätze wie »Ich kann ohne dich nicht leben« sind
auch eher ungünstig, da könnte dein Angebeteter Angst bekommen und die Flucht ergreifen, noch bevor er überhaupt an

deiner Tür geklingelt hat. Am besten ist es, in einfachen Worten ganz ehrlich zu erklären, was du empfindest, und ein Date vorzuschlagen. Wenn dir danach ist, kannst du natürlich auch schreiben: »Ich liebe dich« – »Was ist mit dir?«. Zur Vereinfachung ist auch der altbewährte Ankreuzbrief erlaubt. Warum nicht? So erhältst du vielleicht am schnellsten eine Antwort.

Auch wenn Briefe schon fast aus der Mode gekommen sind, wenn es um die Liebe geht, haben sie doch noch eine andere Wirkung als eine SMS oder eine E-Mail. Du hältst sie in der Hand und löschen lassen sie sich auch nicht so einfach. Du kannst sie mit dir herumtragen und immer wieder an jedem möglichen und unmöglichen Ort lesen. – Ein abgefangener Brief oder ein Brief, der plötzlich in der Klasse kursiert, ist natürlich superpeinlich. Aber wenn man es genau nimmt, eher für den, der ihn herumzeigt, als für den, der den Mut hatte, ehrlich seine Gefühle zu äußern.

Liebesbeziehung

Eine Beziehung zu jemandem, den dein Herz ausgewählt hat, der dir das Flattern in die Stimme und in den Bauch treibt und den du immer nur angucken, anfassen oder anhören möchtest, gestaltet sich am Anfang ganz häufig in einem Wechsel zwischen zusammen sein und zu Hause sitzen und zu überlegen, wann und wie ihr euch wiederseht, ob du ihn anrufen oder darauf warten sollst, dass er sich meldet. Auf dem Programm steht, die ganze Welt neu zu entdecken und das Leben neu zu erfinden. Wie ist es, zusammen ins Kino zu gehen, in den Wald oder in die Badewanne? Das ganze bisherige Leben will erzählt sein, die Freunde vorgestellt und vielleicht auch die Körper gegenseitig erkundet. Viel zu tun. Manches erscheint euch vielleicht federleicht, ihr seid euch einig, dass ihr zusammen Eislaufen geht, der erste Kuss kommt wie aus dem Drehbuch an der richtigen Stelle, und dass die Hausaufgaben im Moment nicht so wichtig sind, darüber seid ihr euch ebenfalls einig. Manches aber ist vielleicht auch sehr holprig, und eure Vorstellungen darüber, wann ihr euch gegenseitig eure Eltern vorstellt und wie nah ihr euch körperlich kommen wollt, gehen erst mal meilenweit auseinander. – Taste dich langsam an den anderen heran oder fall mit der Tür ins Haus, es gibt kein Richtig oder Falsch, es gibt nur eins: Kennenlernen und sich immer wieder austauschen. Was mag ich? Was nicht? Was mag der andere? Und wie geht das zusammen?

Liebe und Streiten?

Manche Leute bekommen große Angst, wenn sie merken, da passt etwas nicht mit dem Menschen, den ich liebe. Wir sind so verschieden, haben nicht dieselbe Meinung, der eine möchte tanzen gehen, der andere lieber fernsehen, der eine möchte sich ganz oft treffen, der andere nur einmal in der Woche. Es geht um die Frage: Wie eng wollen wir unsere Beziehung gestalten?

Grund zu Zoff und Auseinandersetzung gibt es jede Menge, da reicht manchmal schon das Mitschleppen einer Freundin zum Date oder das Abwinken, wenn der andere gern bergwandern möchte und man selbst lieber tiefseetauchen. Schon ist der Ärger da. Was jetzt? Mit auf die Felswand, obwohl du

Höhenangst hast, nur um des lieben Friedens willen? Der Schuss könnte ziemlich nach hinten losgehen …

Einige fürchten Streit, weil sie damit schlechte Erfahrungen gemacht haben. Weil sie mitbekommen haben, dass die Stimmung dann ganz eisig wird oder sogar gewalttätig oder dass manche Paare sich nicht wieder versöhnen, sondern sich trennen. Aus lauter Angst vor einem ganz schlimmen Ausgang des Streits vermeiden sie es dann lieber, sich auseinanderzusetzen, und stauen ihren Ärger immer weiter auf. Doch Vorsicht: Wenn man dann platzt, kann es wirklich schlimm werden. Deshalb, auch wenn es schwerfällt: Sich rechtzeitig zu kritisieren und gemeinsam nach einer Lösung zu suchen, ist immer besser, als auf einer Zeitbombe zu sitzen. Streit gehört dazu, und wenn man einmal die Erfahrung gemacht hat: »Wir können uns auch wieder vertragen«, dann wächst man sogar enger zusammen und die Beziehung wird reifer.

Was macht man, wenn man zwei Menschen liebt?

Liebe ist manchmal ganz einfach und klar: Zwei Menschen begegnen sich, schauen einander in die Augen und wissen wie durch einen geheimen Zauber im selben Moment: Wir sind füreinander bestimmt. Das ist die Hollywood-Variante. Wenn sie eintrifft, ist nur noch zu klären, wie die beiden zusammenkommen, aber Sorgen muss man sich um sie eigentlich nicht machen.

Manchmal ist die Liebe aber auch etwas komplizierter. Zum Beispiel, wenn du zwei Menschen gleichzeitig liebst und nicht weißt, wie du dich entscheiden sollst. Mal vorausgesetzt du möchtest dich überhaupt entscheiden und gehörst zu den Typen, die Klarheit lieben und nicht so gern in Stress geraten, weil sie nicht mehr wissen, wem sie versprochen haben, heute Abend mit auf die Party zu gehen. Auch das ist natürlich eine Möglichkeit, aber sie endet häufig in ziemlichem Kuddelmuddel, Eifersüchteleien und Chaos.

Also, wir nehmen an, du möchtest dich entscheiden. Vielleicht gehörst du zu den Typen, die eine solche Sache dem Zufallsprinzip überlassen und einfach auszählen: »Ene, mene, meck, und du bist weg.« Dann hast du auf jeden Fall schon mal eine Entscheidung herbeigeführt, ob sie dich glücklich macht, steht auf einem anderen Blatt. Du kannst aber auch rein äußerlich vorgehen: Wen findest du hübscher, wer hat die netteren Lachfältchen, wer die schöneren Augen, wer erinnert dich an deinen Lieblingsschauspieler? Oder du denkst über den Charakter der beiden Personen nach, und da fällt dir auf, dass der eine doch sehr angeberisch ist und der andere eher nicht, und dir gefällt das Bescheidenere eigentlich viel besser. Du kannst dich auch erst einmal in Beobachtungsposition begeben und die beiden Jungs genau studieren: Wie verhalten sie sich auf der Straße? Flirten sie mit allen möglichen anderen Mädchen, und wenn ja, gefällt dir das oder scheint es dir zu unsicher? Auf jeden Fall solltest du dir beide genau angucken und dich mit ihnen treffen, um dir ein Urteil aus der Nähe bilden zu können.

Eine Garantie hast du natürlich nie. Möglicherweise wirst du merken, dass du am liebsten eine Mischung aus beiden hättest. Bei dem einen gefällt dir seine hilfsbereite, offene Art gut, bei dem anderen, dass er dein Interesse fürs Angeln teilt.

Probier aus, was du magst, und schau, was dir wichtiger ist. Eine Pro-und-kontra-Liste hilft dir wahrscheinlich nur begrenzt. Letztendlich entscheidet über solch schwierige Fragen das Gefühl, und vielleicht braucht das bei dir noch ein bisschen, um sich in eine eindeutige Richtung zu entwickeln. Dann geh das Risiko ein, dass die Jungs ungeduldig werden und die Biege machen, und nimm dir die Zeit.

Verliebt in den besten Freund

Egal, ob beste Freundin oder bester Freund, diese Menschen sind ein wichtiger Anker im Leben, wenn an allen Fronten Sturm ist. Das ist dir völlig klar und du hast es nie in Frage gestellt bis vielleicht zu dem Tag, an dem sich etwas verändert hat. Plötzlich merkst du, dass du deinen Freund mehr als nur sehr magst, dass du häufig an ihn denkst, seine Nähe suchst und eifersüchtig dazwischenspringst, wenn er sich mit anderen Mädchen etwas ausführlicher unterhält. Oder du hast dir gar nichts groß dabei gedacht, als ihr zusammen ins Kino gegangen seid, und plötzlich streichelt er deine Hand, und an der Stelle, wo Brad Pitt seine Angebetete küsst, macht er dasselbe mit dir. Ups. Was war das?

Vielleicht fühlst du dich überrumpelt und denkst: »So war das im Drehbuch aber nicht vorgesehen.« Oder du wolltest schon seit längerem andeuten, dass es mehr ist als nur Freundschaft, oder aber du bist so verwirrt, dass du gar nicht weißt, was du von der Sache halten sollst, und läufst nach dem Film Hals über Kopf nach Hause, um deine Gedanken zu sortieren. Was jetzt?

Wenn ihr beide »mehr« wollt als nur Freunde sein, sind die Startbedingungen für eine neue Art von Beziehung schon mal ziemlich günstig. Wenn du dir unsicher bist, solltest du versuchen, den Nebel im Kopf zu lichten, und dir Klarheit zu verschaffen. Ausprobieren ist eine Möglichkeit. Wenn die Sache dann mehr Krampf als Wolke sieben ist, dann ist es Zeit, zurückzurudern. Wenn dir klar ist, als Freund ist dir der Junge lieb und teuer, aber als Liebespartner siehst du ihn absolut nicht, hilft nur eins: Darüber reden und gemeinsam überlegen, wie es für beide gut weitergehen kann. Möglich, dass auch er nur mal ausprobieren wollte, wie es ist, dich zu küssen, und jetzt selber dasteht wie Pik sieben im Regen, weil er nicht weiß, was er aus der Situation machen soll. Dann wird er froh sein, wenn du die Sache zur Sprache bringst. Selbst in dem Fall, dass es ihm sehr ernst ist, kann ein klärendes Gespräch helfen, einen Weg zu finden.

Lola, 15 »*Er war in meiner Klasse und ein ziemlich guter Freund von mir. Irgendwann hat es sich so entwickelt, dass ich mehr für ihn empfunden habe. Dann sind wir einmal zusammen auf ein Konzert gegangen und dort haben wir uns geküsst. Am nächsten Tag hab ich ihn direkt angerufen und gefragt, ob wir jetzt zusammen sind oder ob das nur so war. Wir hatten auch beide Angst, dass unsere Freundschaft kaputtgeht. Wir haben dann gesagt, wir probieren es aus, weil die Gefühle von beiden Seiten da waren. Das hält jetzt schon über sechs Monate und die Gefühle werden immer intensiver.*«

Verliebt in den Freund der besten Freundin

Wenn dein Herz auf der Suche nach der großen Liebe ausgerechnet bei dem Freund deiner besten Freundin Halt macht, gibt es ein Problem. Das zu erkennen, dazu braucht man keine hellseherischen Fähigkeiten. Was ist zu tun?

Bevor du vermintes Gelände betrittst und sämtliche Beziehungen in die Luft fliegen, lohnt es sich, erst mal wieder einen Schritt zurück zu machen. Nimm Abstand, mach einen Waldlauf, geh Schwimmen, tob dich zu Musik aus, auf jeden Fall: Schlaf darüber eine Nacht und besprich dich mit einer Person deines Vertrauens.

Was ist los? Möglicherweise hat deine Freundin dir so viel von ihrem Freund vorgeschwärmt, und du hast das Glück der beiden so hautnah mitbekommen, dass du dich sozusagen »angesteckt« hast. Dann ist es vielleicht gar nicht der Typ, der so ansteckend ist, sondern das Liebesglück an sich hat dich mitgerissen. In dem Fall gibt es Hoffnung und mit ein bisschen Glück und offenen Augen findest du deinen ganz persönlichen Traumprinzen. Es kann aber auch sein, dass der Kerl wirklich der Hammer ist und du nicht die Einzige bist, deren Herz für ihn schlägt, vielmehr die Schlange derjenigen, die bei ihm anstehen, einmal um eure ganze Schule herumkäme. Dann ist die Lage schwieriger. Schließlich steht bei all den Gefühlen auch die Beziehung zu deiner Freundin auf dem Spiel. Sie wird sicher sehr verletzt sein, wenn du ihren Liebsten anbaggerst. Sie hat dir viel über ihn anvertraut und außerdem will sie ihn mit großer Wahrscheinlichkeit für sich behalten. Es gibt also letztendlich nur eins: Finger weg, wenn du nicht wirklich der festen Überzeugung bist, dass von diesem Jungen dein gesamtes Lebensglück, deine Zukunft, deine Hochzeit, deine Kinder, Enkel und Urenkel abhängen.

Rasend verliebt

»Ai« im Indogermanischen heißt Feuer. »Eiver« im Mittelhochdeutschen bedeutet »das Herbe, das Bittere«, »suht« ist »die Krankheit« oder »die Seuche«. Diese ganzen Ursprünge zusammengenommen, kannst du dir vorstellen, dass dabei ein heißes, ätzendes Gefühlsgebräu herauskommt: die Eifersucht.

Manche Menschen, die mit jemandem zusammen sind, haben nur noch Augen für den anderen und die Welt um sie herum existiert nicht mehr. Wenn der erste Rausch verflogen ist, schaut dann jeder mal wieder, was links und rechts so passiert, und das muss der Liebe überhaupt keinen Abbruch tun. Es ist im Gegenteil normal und sinnvoll, dass du deinen Freundinnen noch Platz in deinem Leben einräumst und auch dein Sandkastenfreund weiter auf deinem Sofa herumliegen darf.

Trotzdem kann es sein, dass es es dich völlig verunsichert, wenn dein Freund einer Klassenkameradin bei den Matheaufgaben hilft oder sich länger mit der Schönheit aus der Parallelklasse unterhält. »Was hat das jetzt zu bedeuten?«, fragst du dich, und du hast auch schon, ohne nachzudenken, Antworten parat: »Er mag mich nicht mehr«, »Er liebt die andere«. Diese Gedanken setzen sich in deinem Kopf fest und zermartern dir das Hirn. Vielleicht beginnst du jetzt mit ausführlichen Kontrollmaßnahmen. Du schaust, wer auf seinem Handy angerufen hat, stellst ihn nach jedem Gespräch, das er geführt hat, zur Rede, spionierst ihm auf dem Nachhauseweg hinterher und entwickelst dich zu einer wahren Kriminalkommissarin.

Eifersucht ist ein ganz normales Gefühl, das jeder Mensch kennt, manche schon von Kindesbeinen an, als sie immer zuschauen mussten, wie die kleine Schwester zuerst auf den Schoß kam oder der große Bruder länger rausdurfte. Sicher wolltest auch du mal als Erste beachtet werden und am längsten um die Häuser ziehen dürfen. Das sind absolut menschliche Wünsche und du müsstest Buddhistin in erleuchtetem Stadium sein, wenn dir solche Ungerechtigkeiten nichts ausmachen würden. Was jetzt in der Liebesbeziehung hochkommt, ist das alte Gefühl in neuem Gewand.

Klar ist, kein Mensch kann einen anderen besitzen, und die Sache wird problematisch, wenn der Eifer über die Ufer tritt. Dann kannst du deinen Liebsten in kürzester Zeit ganz weit von dir wegtreiben.

Johann, 17 »*Ich finde, wenn man eifersüchtig ist, tut man vieles, das überhaupt nicht sinnvoll ist. Man möchte dann die volle Aufmerksamkeit auf sich lenken und hofft, dass der Partner oder die Freundin einen mehr beachtet. Es fühlt sich nicht gut an, weil man große Angst hat, den anderen zu verlieren.*«

Der Gedanke, jemand anderes könnte eine Zuwendung bekommen, die doch ausschließlich dir zusteht, kann einen rasend machen und ist ziemlich scheußlich. Auf der anderen Seite kann auch deine Rolle als Kriminalkommissarin die romantischste Beziehung vergiften. Wenn du wirklich Grund zur Sorge haben musst, dass dein Typ, kaum hast du dich umgedreht, mit der nächsten Dorfschönheit im Gebüsch verschwindet, sprich ihn offen darauf an, frag ihn, ob deine Gefühle richtig sind, und sag deutlich, dass du dich nicht wohl fühlst. Schäm dich nicht für deine Gefühle. Sie sind da und sie gehören zu dir.

Wenn du nur ein bisschen eifersüchtig bist, gibst du deinem Partner damit sogar ein positives Signal; er weiß, er ist dir nicht egal, und du hast die Chance, die Sache mit ihm zu klären und aus der Welt zu schaffen. Wenn dein Gefühl aber nicht weggeht, obwohl es wirklich keinen Grund zur Panik gibt, hat die Sache vielleicht mit deiner eigenen Angst und früheren Erfahrungen zu tun. Dann ist es gut, darüber nachzudenken, mit anderen zu sprechen und nachzuforschen, woher deine Verlustängste kommen.

Liebeskummer

Leider hat Liebe nicht nur mit rosaroten Wölkchen und Sonnenschein zu tun. Es können auch verdammt schwarze Wolken den Himmel verdunkeln und heftige Unwetter über einen hereinbrechen.

Wenn du dich monatelang nach deinem Schwarm verzehrt hast, dir in deinen kühnsten Träumen ausgemalt hast, wie ihr zwei als Königspaar auf weißen Pferden ins Märchenschloss reitet, und eines Tages siehst du deinen Angebeteten tatsächlich mit der aufgeblasenen Dora aus der Nachbarklasse – das tut weh. Noch schmerzhafter ist die Lage, wenn ihr schon länger ein Paar seid, du dir ein Leben ohne deinen Liebsten überhaupt nicht mehr vorstellen kannst, und eines Tages auf dem Nachhauseweg von einer Party gesteht er dir: »Ich liebe dich nicht mehr.« Dir bleibt die Luft weg, wahrscheinlich auch kurz das Herz stehen und du möchtest am liebsten einen Zug nach Nirgendwo besteigen oder vom nächsten Hochhaus springen. In deinem Kopf gibt es nur noch einen Gedanken und der heißt: »Aua«.

Nur zu verständlich wäre es, wenn du kopflos nach Hause rennst, dich auf dein Bett schmeißt und erst mal herzzerreißende Tränen vergießt. Schließlich hast du das Gefühl, dir hat gerade jemand das Herz zerrissen und eine Hälfte einfach mitgenommen. Weg ist sie.

Vielleicht läufst du in diesem Zustand auch noch Tage später herum und weißt nicht, wohin mit dir und wie du wieder an deine andere Herzenshälfte kommen sollst.

Wenn es ein Sofort-Heilmittel gegen diesen Schmerz gäbe, man hätte wahrscheinlich den Kassenschlager aller Supermärkte, Apotheken und Drogerien in Händen und könnte steinreich damit werden. Aber, Enttäuschung, das gibt es leider nicht. Es gibt nur begleitende Maßnahmen, die beim langsamen Abheilen der Wunde behilflich sind. In dieser Situation ist es Gold wert, gute Freunde zu haben, mit denen du ausgehen kannst, die dich trösten, dir die Zeit vertreiben und dich auf andere Gedanken bringen. Aber auch die besten Freunde sind nicht immer da und mit deiner Geschichte kannst du sie nicht von morgens bis abends vollquatschen. Also überleg, was du selber noch tun könntest: Wenn es möglich ist, geh deinem Liebsten erst mal aus dem Weg. Verabrede dich mit anderen und vergrab dich nicht zu Hause. Tränen, Trauer und einsame Stunden gehören zum Heilungsprozess dazu. Sport und Sonne sind aber ebenfalls gute Hilfsmittel, die gegen deine Krankheit zumindest den Effekt von Vitamin-Tabletten haben, d. h. sie stärken deine Abwehrkräfte.

Und mach dir eins klar: Du bist auch so komplett. Deine Herzhälfte ist in Wirklichkeit noch da und du bist ganz – und zwar für dich allein.

Katja, 22 *»Es war so schön, verliebt zu sein, aber es hat überhaupt nicht geklappt mit uns beiden. Wir waren zwei Monate mehr oder weniger zusammen, aber irgendwann hat er sich verabschiedet und nicht mehr auf meine Anrufe reagiert, war einfach nicht mehr für mich da. Oh, mir ging es vielleicht schlecht. Ich hab mich dann zu Hause hingestellt und gebügelt und dabei ganz laut Musik gehört, immer Lieder von starken Frauen wie Zarah Leander: ›Davon geht die Welt nicht unter‹ oder ›Liebeskummer lohnt sich nicht, my darling‹. Das hat mir unheimlich geholfen und ich hab mir gedacht: ›Puh, diese starken Frauen, die so begehrt gewesen sind, die müssen wahnsinnig viel Liebeskummer gehabt haben in ihrem Leben. Und auch die sind wieder auf die Beine gekommen und das werde ich jetzt ebenfalls!‹«*

» *Liebeskummer ist das Gefühl, in einer Nussschale zu sitzen und auf dem weiten Meer von Traurigkeit zu treiben und keine Insel zu sehen, kein Land. Du hast das feste Bewusstsein: ›Es wird nie wieder gut.‹ – Ich hab kein Rezept gegen Liebeskummer. Es ist die dunkle Seite, sie gehört dazu. Man muss versuchen, alleine, so wie man ist, komplett zu sein und nicht das Gefühl zu haben, nur*

*durch den anderen ganz zu sein. Denn wenn du das
machst, dann vermisst du den und denkst: ›Oh, ich bin
nicht richtig‹ oder ›Ich bin nicht vollständig, wenn der
nicht bei mir ist.‹ Und das Gegenteil ist der Fall: Das Ziel
in diesem Leben ist, so komplett zu sein, wie du bist, mit
allen Fehlern. Ich hab bei Liebeskummer angefangen,
mich selber besser kennenzulernen, viel Zeit mit mir
selbst verbracht und es richtig genossen, nur zu machen,
was ich will. Vielleicht ist das ein ganz guter Weg, wieder
bei sich selbst anzukommen und zu sagen: ›Aber um
mich dreht sich doch das Leben. Es dreht sich doch gar
nicht um den Anderen.‹ Man muss aufpassen, weil die
Gedanken da gern hin gehen, und man sich dann sagt:
›Ach, ich leide, ich leide, ich leide.‹ Zum Leiden bin ich
nicht da.*«*
Mieze, Sängerin der Band »Mia«

Entliebt

Anders, aber auch sehr unangenehm ist die Sache, wenn du irgendwann merkst, dass deine Sehnsucht verflogen ist. Du
möchtest deinen Liebsten nicht mehr so oft sehen; er geht dir
auf die Nerven, wenn ihr mit Freunden unterwegs seid, weil er
so albern ist – du jedenfalls kannst über seine Witze nicht
mehr lachen. Auf der anderen Seite magst du ihn als Kumpel
vielleicht noch ganz gern und möchtest ihn auch nicht verletzen. So hältst du noch ein bisschen durch, aber die Beziehung
wird letztendlich immer ätzender und dir wird immer klarer:
Der ist es nicht. Was tun? Wie kannst du ihm das Gnadenbrot

geben und gleichzeitig selber heil aus der Affäre herauskommen?

Solche Überlegungen sind sehr nobel, aber vergiss es: Schluss gemacht zu bekommen, tut weh, immer, selbst wenn auch der andere nicht mehr so mit Eifer bei der Sache war wie am Anfang. Es ist verletzend. Deshalb tu, was du tun musst, sag ihm, dass deine Gefühle für ihn nicht mehr ausreichen und du nicht mehr möchtest – ganz offen und ehrlich ins Gesicht, nicht per Brief, nicht per E-Mail und schon gar nicht per SMS. Auch wenn es Vorwürfe gibt und Tränen, so bist du bei ihm und kannst dich deinem Ex-Geliebten für Fragen und Klärungen zur Verfügung stellen. Mit Ehrlichkeit ist dabei nicht gemeint, dass du ihm genaueste Auskünfte über deine Aversion gegen seine Küsse, seine Pickel oder die Hühnersuppe seiner Mutter gibst. Du musst auch nicht detailgetreu das erste Date mit deinem neuen Schwarm wiedergeben. Es reicht, wenn du ihm klar und deutlich sagst, dass »es aus ist«, und wenn er das mit der neuen Liebe von dir als Erste erfährt und nicht von deinen Freundinnen.

Nicht verliebt

»Warum habe ich noch keinen Freund?« Wenn dich diese Frage quält, vielleicht verknüpft mit der scheinbaren Gewissheit: »Alle aus meiner Klasse haben schon einen, nur ich nicht«, dann lehn dich entspannt zurück.

Erstens kannst du sicher sein, dass nicht alle aus deiner Klasse in einer Liebesbeziehung stecken, und zweitens, selbst wenn das so wäre: Es gibt kein Gesetz, das vorschreibt, man müsse ab einem bestimmten Alter unbedingt einen Freund haben. Also, lass dich nicht unter Druck setzen und diesen Wettbewerb getrost an dir vorüberziehen. Aber vor allem: Zweifel nicht an dir.

Manche Mädchen, die mit vierzehn oder fünfzehn noch keinen Freund haben, haben das Gefühl: Mit mir stimmt was nicht, irgendwie steht auf meiner Stirn geschrieben: »Halt, verbotenes Gelände, Betreten strengstens untersagt.« Oder alle wissen, dass ich ein Muttermal am rechten Oberschenkel habe, und es gibt eine neue Parole an der Schule, dass man sich in Menschen mit Muttermal am rechten Oberschenkel auf gar keinen Fall verlieben darf.

Das alles schlag dir aus dem Kopf. An dir ist nichts Fehlerhaftes. Du hast noch nicht den Richtigen gefunden und dir geht es auch ohne feste Beziehung ziemlich gut. Du bist wie gesagt vollständig, so wie du bist. Wenn die anderen immer weiter fragen: »Und, wie ist es denn?«, gibt es für dich im Moment nur die eine Antwort: »Gut.«

Mariel, 15 »Meine Freundin hat einen Freund und das ist für sie oft der totale Stress. Er meckert immer nur an ihrem Aussehen rum und macht ihre Eltern und Freundinnen schlecht. Bevor ich mit so einem zusammen bin, genieße ich lieber meine Freiheit.«

Küssen und Kuscheln

Der Mund

Fast 15.000 Mal am Tag bewegen wir unseren Mund.

Der Mund ist für alles Mögliche gut: Zum Essen, zum Stundenlang-mit-deiner-Freundin-Telefonieren, zum Küsschengeben, wenn die Oma kommt, oder auch zum Gar-nichts-mehr-Sagen, weil es dir beim Anblick des neuen Typs in deiner Klasse die Sprache verschlägt.

Der Mund ist aber auch ein gutes Instrument, sich gegenseitig seine Liebe zu zeigen – und dazu wird er in fast allen Kulturen dieser Welt benutzt. Wo, wie und wann geküsst wird, kann allerdings sehr unterschiedlich sein:

In Europa sehen wir küssende Menschen tagtäglich, auch auf der Straße. In manch anderen Ländern, zum Beispiel in Afghanistan oder Tunesien, ist das Küssen in der Öffentlichkeit hingegen streng verboten. In Japan gelten Küsse als unanständig, weil sie eine große Rolle beim sexuellen Vorspiel haben. Dort küsst man deshalb hinter verschlossener Tür. Bei vielen afrikanischen Stämmen besteht sogar absolutes Kussverbot. Denn wer küsst, riskiert, Spucke zu verlieren, und das schwächt ihrem Glauben nach den Körper. Bei den Hindus steht der Kuss für die kosmische Vereinigung von Mann und Frau. Sie kennen über dreißig Kuss-Varianten. Trotzdem: kosmisch hin oder her, in der Öffentlichkeit wird sich auch hier nicht geküsst.

In unserem Kulturkreis gilt ein großer Mund mit vollen Lippen seit jeher als Sinnbild für Erotik, Verlangen, Sinnlichkeit. So wurden beispielsweise die Riesenlippen von Marilyn Monroe weltberühmt und machten die Schauspielerin zum Sex-Symbol.

Die Dienerinnen der russischen Zarin Katharina der Großen (1729 - 1796) mussten sich ihre Lippen ansaugen und aufbeißen, damit sie üppig und gut durchblutet wirkten. Und das nur, weil ihre Herrin sich mit volllippigen Dienerinnen schmücken wollte.

Wie küsst man richtig?

Ansaugen und Aufbeißen hat natürlich unangenehme Nebenwirkungen. Wenn du bedenkst, dass auch Heidi Klum mit eher schmalen Lippen zum Top-Model wurde, ist diese Selbstfolter, bei der du am Ende mit Krusten und Narben auf den Lippen herumläufst und dich eher nach einer guten Heilsalbe als nach einem romantischen Kuss sehnst, ziemlich überflüssig.

Denn eins ist klar: Ganz egal, ob du große oder kleine Lippen hast, mit deinem Mund kannst du »richtig« küssen. Die

Frage ist nur: Wie geht das? Wer zeigt einem das? Und: Wenn er dann endlich da ist, der erste Kuss, muss er gleich perfekt sein, so wie wir es im Film immer wieder sehen?

Die Erfahrung zeigt, als Anleitung für das wahre Leben eignet sich das Kino nicht unbedingt:

Franka, 17 »Erst mal dachte ich natürlich, man küsst sich so wie in den Hollywoodstreifen. Man presst die Lippen aufeinander und sieht wahnsinnig verliebt aus. Als ich mir das dann bei Menschen in meiner Umgebung angeguckt habe, hab ich festgestellt: So küsst man sich eigentlich nicht, wie die Leute im Film.«

Eine Kuss-Schule, in der du das Küssen lernst, bevor du dich ins wahre Leben stürzt, gibt es nicht. Eine Anleitung ist immer nur theoretisch und die Praxis sieht meist anders aus. Trotzdem, hier ein Leitfaden:

Mund auf Mund, so fängt es an. Ihr kommt euch näher, vielleicht schaut ihr euch tief in die Augen oder umarmt euch oder einer dreht den anderen zu sich hin. Je nachdem, wer mutiger ist oder zuerst die Idee zum Küssen hatte. Vielleicht habt ihr euch auch vorher schon umarmt, steht eng umschlungen und es nähern sich nur noch eure Gesichter an und dann berühren sich die Lippen, pressen sich aufeinander.

Aus dem Mund-zu-Mund-Kuss kann sich ein Zungenkuss entwickeln: Einer öffnet den Mund und der andere tut es auch. Wenn nicht, kann auch der eine oder andere mit seiner Zunge den Mund des Kuss-Partners leicht öffnen und so treffen sich die beiden Zungen. Sie berühren sich, sie spielen miteinander, manche sagen auch: Sie tanzen miteinander. Wie schnell oder langsam das geht, ist natürlich immer verschieden und hängt von den Küssenden ab.

Es kann auch passieren, dass die Person, die du küsst, gerne mal ausprobieren möchte, wie es ist, dir die Zunge ganz tief in den Mund zu schieben, und du das eher komisch und unangenehm findest und ein leichtes Würgegefühl verspürst. Dann erst mal ein paar Schläge zurückrudern und lieber vorsichtig mit den Zungenspitzen küssen. An der Zungenspitze jedenfalls befinden sich die meisten Nerven und deshalb ist sie am sensibelsten.

Küsse sind eine sehr schöne Möglichkeit, Zärtlichkeiten miteinander auszutauschen und seine Zuneigung zu zeigen. Küsse kannst du überall platzieren, nicht nur auf den Mund, sondern auch auf den Nacken, die Schulter, den Hals oder wo immer du magst. Das kann sehr innig sein oder auch sehr flüchtig, je nach Situation, Stimmung, Partner, Schüchternheit oder Mut und Sehnsuchtsgrad.

Erster Kuss

Franka, 17 »*Das war auf einer Party, da war ich vielleicht dreizehn Jahre alt. Und Patrick – ich weiß gar nicht mehr genau, wie wir zusammengekommen sind – stand auf einmal vor mir und küsste mich. Es war total komisch, weil ich irgendwie überrumpelt war. Ich hab mich gewundert, dass er plötzlich mit seiner Zunge in meinen Mund hineinkam und damit so rumgetastet und mich geschmeckt hat. Die ersten Male, wie ich dann mit meiner Zunge an seine Zunge kam, das fühlte sich total selt-*

sam an. So glibberig und so weich. Seine eigene Zunge spürt man eigentlich gar nicht.«

Der erste Kuss ist ein Abenteuer, denn was du spürst, ist neu.

Wenn man Kinder fragt, ob sie sich vorstellen könnten, jemanden richtig mit der Zunge zu küssen, dann können sie das meist nicht. Viele stellen es sich sogar eklig vor.

Das ändert sich meistens, wenn die große Liebe vorbeikommt und du nichts anderes im Kopf hast, als mit ihm oder ihr zusammen zu sein. Wenn die Zuneigung gegenseitig ist und ihr euch schon ein bisschen besser kennt, möchtest du wahrscheinlich auch diese Form der Nähe ausprobieren und mit ihm oder ihr genießen. Es könnte sein, dass du es gar nicht erwarten kannst und all deine Gedanken darauf verwendest, wie es sich anstellen ließe, an den ersten Kuss heranzukommen.

Für manche ist es auch so, dass sie gar nicht warten wollen, bis die große Liebe vorbeikommt, sondern sich erst mal einen reinen Kuss-Partner suchen:

Louisa, 17 *»Es war im Schullandheim, als ich mir den ersten Kuss holte. Da ging es im Grunde mehr darum: Endlich hat man's geschafft, den ersten Jungen zu küssen. Das hatte wenig mit Liebe zu tun, das war einfach cool. Man ist unterwegs und hat sich einen ausgeguckt und dann beginnt ein Spielchen: Man rennt hintereinander her, bis sich irgendwann eine Situation ergibt, vor der Toilette oder im Treppenhaus, und dann küsst man sich. Es war ganz gut. Es ist so, wie wenn du als Mädchen deine erste Periode bekommst. Man hat ein* *bisschen Angst davor, den ersten Jungen zu küssen. Als es dann vorbei war, habe ich mir gedacht: War das alles?«*

Was tun, wenn du jemanden küssen möchtest?

Wenn du gerne den Menschen deines Herzens küssen möchtest, aber nicht so recht weißt, wie du es anstellen sollst, sind deiner Phantasie keine Grenzen gesetzt: Gib Zeichen. Streichle seine Hand, guck ihm tief in die Augen, schmieg dich während eines Gesprächs leicht an oder oder oder ... küss ihn einfach. Das ist natürlich leichter gesagt als getan. Es gehört viel Mut dazu und der verlässt einen ja manchmal gerade dann, wenn man ihn am nötigsten braucht.

Überleg, was dir am meisten liegt und was zu dir am besten passt. Bist du eher schüchtern oder eher draufgängerisch? Vielleicht liegst du auch irgendwo dazwischen. Sicher ist: Irgendeine Art des Heranpirschens an das Subjekt deiner Träume gibt es ganz bestimmt. Eine Möglichkeit ist es, sich mit der besten Freundin zu beraten und gemeinsam eine »Strategie« zu entwickeln. Oder aber du vertraust auf dich und deine Eingebung und lässt die Sache auf dich zukommen.

Egal, für welche Variante du dich letztlich entscheidest, alles ist okay, solange es für dich und deinen Herzbuben oder deine Herzdame auch in Ordnung ist. Achte darauf, welche Signale du geschickt bekommst. Nähert der andere sich dir auch oder weicht er eher zurück? Wenn du nicht sicher bist, kannst du auch geradeheraus sagen, was du möchtest. Theoretisch jedenfalls. Praktisch gibt es einen deutlichen Unterschied zwischen etwa dem Satz »Ich möchte ein Eis« und dem Satz »Ich möchte einen Kuss«. Im letzteren Fall könnte dich das Gefühl ereilen, vor einem Abgrund zu stehen, und entweder wachsen dir spontan Flügel oder du stürzt in die unendliche Tiefe.

Du siehst, der Schritt zum ersten Kuss ist immer aufregend und alles andere als eine Routineübung. Die einzige Beruhigung, die es gibt: Aufregung gehört zum »Paket« dazu und macht die schöne Spannung aus.

Der perfekte Kuss?

Es gibt jede Menge Missgeschicke, auch wenn der Kuss gut vorbereitet und lange geplant ist. Vielleicht kannst du dich noch daran erinnern, wie du zum ersten Mal ohne Stützräder Fahrrad gefahren bist. Am Anfang wackelt und eiert man eben rum und mit der Zeit wird es immer besser. Beim Küssen rutscht man vielleicht mit der Zunge ab, macht zu früh die Augen zu und trifft den Mund nicht, sondern landet auf der Nase. Oder man sitzt in einem Korbsessel und das Knacken bei jeder Bewegung verdirbt alle Romantik, oder man hat die Situation falsch eingeschätzt, und kurz bevor es passieren soll, klopft deine Mutter an die Tür, um Limonade zu servieren …

Pleiten, Pech und Pannen gehören dazu, und wenn was schiefgeht, hat das nichts mit mangelndem Talent zu tun. Am besten drüber lachen und noch einmal probieren. Auch Küssen will gelernt sein. Und das beste Mittel, um küssen zu lernen, ist, immer wieder zu küssen. Küssen ist die beste Kuss-Schule.

Zweiter Kuss

Wenn du zum ersten Mal küsst, ist das vielleicht aus Neugier, vielleicht wirst du von der Situation auch völlig überrascht. Beim zweiten Mal ist es für viele ganz anders. Du kennst das Gefühl schon ein bisschen und bist dir vielleicht sicherer, was du willst. Oft ist auch Liebe im Spiel:

Louisa, 17 »*Mein zweiter Kuss war richtig leidenschaftlich. Der Junge, in den ich verliebt war, hat mich nach Hause gebracht und dann standen wir allein im Treppenhaus. Wir haben uns erst mit Handschlag verabschiedet, uns dann aber beide noch mal umgedreht und auf einmal näherten sich unsere beiden Münder und ein Zucken ging durch meinen Körper. Im nächsten Moment trieben uns die Gefühle zusammen und wir küssten uns leidenschaftlich. Und dann hat mir das Gefühl die Beine weggerissen und ich bin in mich zusammengeknickt. Es hatte mich so erwischt, dass ich erst mal nichts mehr essen konnte und nur noch von Luft und Liebe lebte ...*«

Franka, 17 »*Den zweiten Kuss, den wollte ich. Das war auf einer Party, und ich glaube, ich war diejenige, die Michael nach draußen gezerrt hat. Ich wollte ihn nicht vor allen anderen küssen, sondern das ganz allein mit ihm machen. Wir sind ein paar Straßen weiter gegangen, eng umschlungen, ich fand das toll, so romantisch, diese sternenklare Nacht. Und dann haben wir uns geküsst und ich wollte auch gar nicht mehr damit aufhören.*«

Vielleicht fragst du dich nach dem zweiten, dritten, vierten Mal, ob das Küssen mit der Zeit langweilig wird? Das hängt von dir und deinem Partner ab: Jeder Kuss kann anders sein und es gibt tausend verschiedene Varianten, je nach Temperament, Phantasie und Laune. Mal zart und vorsichtig, mal stürmisch und leidenschaftlich, immer wieder neu.

Küssen und mehr

Küsse können ein richtiges Gefühlsfeuerwerk auslösen und sie können auch Lust auf mehr machen. Sich streicheln und berühren am ganzen Körper (mit den Händen oder mit dem Mund), an der Brust, am Bauch, am Po, am Kitzler, kann sehr schön sein, und so kann es weitergehen, wenn ihr beide das wollt.

Natürlich kommt es auf die Situation an, in der ihr euch befindet. Steht ihr vor der Schule und ganz viele kommen vorbei und kriegen was mit, dann ist das sicher nicht der Ort, an dem ihr unbeschwert körperliche und erotische Erfahrungen sammeln könnt. Wenn ihr für euch seid, im Park allein oder in deinem Zimmer, ist die Sache anders. Dort könnt ihr ungestört aufeinander eingehen, euch umarmen, streicheln. Vielleicht hast du den Wunsch, seine Haut anzufassen, und, wie von Geisterhand geführt, bemerkst du plötzlich deine Finger unter seinem Pullover, an seinen Hüften, auf seinem Rücken, an seinen Brustwarzen. Vielleicht spürst du auch, dass seine Hände über deinen Körper wandern, über deine Brust streichen, über deinen Po.

Das alles ist fremd und neu für dich, und vielleicht weißt du gar nicht so genau, was du davon halten sollst. Wichtig ist, dass die Berührungen und Annäherungen euch beiden gefallen und ihr euch wohl fühlt.

Achte auf deine Gefühle und Wünsche und auf die Signale, die der andere dir sendet. Wie agiert und reagiert er (oder sie)? Kommt er dir näher oder zieht er sich zurück? Wie angenehm ist dir sein Verhalten? Geh nur so weit, wie du möchtest, und wenn etwas nicht stimmt, sprich es an. Dein Gefühl ist auf jeden Fall für dich richtig.

Was tun, wenn du nicht küssen möchtest?

Ganz klar: Zu jeder Form von Annäherung und Zärtlichkeit gehört absolute Freiwilligkeit – und zwar von beiden Seiten. Das heißt, wenn einer nicht will, ist sein oder ihr Einspruch ausschlaggebend für das, was getan oder nicht getan wird.

Manchmal machen Menschen etwas, um dem anderen einen Gefallen zu tun oder weil sie ihn nicht verlieren möchten oder aus Angst, dass er sauer werden könnte, wenn seine Wünsche nach körperlicher Nähe nicht erwidert werden. Aber das dürfen alles keine Gründe sein, um sich körperlich zu begegnen.

Wenn sich dir jemand nähert und dich küssen möchte, du das aber nicht magst, dann gib eindeutige Signale: Geh auf Distanz, und sag geradeheraus, dass du es nicht willst. Das ist dein absolutes Recht.

Kann sein, dass du deinen Freund (oder deine Freundin) sehr magst, dir das Küssen oder auch seine Versuche, dir unter den Pullover zu fassen, aber noch zu früh erscheinen und du ihn erst besser kennenlernen möchtest. Vielleicht willst du auch nur küssen und mehr nicht.

Wenn einer dieser »Grenzfälle« auf dich zutrifft, dann benenn deine Gründe – auch, wenn es manchmal ganz schön schwer ist, über Gefühle zu sprechen und seine Meinung durchzusetzen. Persönliche Grenzen aufzuzeigen und deren Einhaltung einzufordern, bedarf einiger Übung und kostet Mut. Aber wenn der andere dich wirklich mag, wird er es richtig verstehen und auf deine Wünsche Rücksicht nehmen. Jeder und jede hat nun mal sein eigenes Tempo und das ist völlig in Ordnung.

Das erste, zweite, dritte Mal

Was ist eigentlich das erste Mal?

Alles passiert irgendwann zum ersten Mal. Das erste Mal die Eltern sehen, wenn man geboren wird, das erste Mal Brei essen, das erste Mal in die Schule gehen, der erste Sprung vom Dreimeterbrett, das erste Mal im Fußballstadion, das erste Mal verknallt sein, der erste Kuss. Vielleicht ist es für dich dein erster Auftritt mit deiner Gitarre oder dein erster BH oder dein erster Liebesbrief, der dich umhaut.

Das erste Mal ist etwas ganz Besonderes, weil wir keine Vorlage und keine Übung haben. Wir tauchen in etwas ein, das uns bisher unbekannt, verschlossen war. Wir wissen nicht, wie es wird in der neuen, fremden Welt und wie wir uns dort fühlen werden. Gewinnt die Neugier, die Angst, das Glück, die Unsicherheit, die Lust, das Kribbeln oder der Rausch die Oberhand über uns?

Beim ersten Mal Sex mit einem Partner oder einer Partnerin kommen wir einem anderen Menschen körperlich so nah wie noch nie. Das »erste Mal« ohne zusätzliche Angabe ist dieses spezielle erste Mal, bei dem ein Mann und eine Frau oder auch zwei gleichgeschlechtlich Liebende, miteinander schlafen, Sex haben, ineinander eindringen. Das hat sich in unserer Sprache so eingebürgert, man muss nicht »Sex« sagen, um zu wissen, was gemeint ist. Vielleicht ist das so, weil es eben nicht ganz selbstverständlich und normal ist, das Wort »Sex« auszusprechen, oder weil so das Unausgesprochene etwas Geheimnisvolles behält.

Hinter vorgehaltener Hand wird darüber getuschelt: »Hatte sie schon ihr erstes Mal?« – »Ja, sie hat schon, sie gehört dazu.« Das reicht. Mehr muss nicht gesagt werden. Alle wissen Bescheid. In diesem Fall bist du in eine neue Welt eingetreten, der du vorher nur in Gesprächen oder Gedanken, in Bildern oder Filmen begegnet bist: … Sie küssen sich leidenschaftlich, reißen sich gegenseitig die Kleider vom Leib, sinken auf das rote Samtsofa, ihre Körper bewegen sich ekstatisch, Stöhnen, Großaufnahme der Gesichter, Schnitt.

Wann, wo, wie und mit wem?

Janina, 16 »*Das erste Mal stellt sich jede Person anders vor. Meist bleibt es aber ein Traum, denn das erste Mal ist nie so, wie man es sich ausgemalt. Für mich soll das erste Mal mit der Person sein, die ich über alles liebe. Es sollte nicht wehtun und ich möchte es genießen können. Eine schöne Umgebung mit Kerzen vielleicht.*«

Das erste Mal als Krönung der großen Liebe oder das erste Mal als Versuch nach dem Motto: »Ich möchte es jetzt mal probieren, als Vorübung für den Ernstfall, damit ich, wenn mein Romeo vorbeikommt, schon mal Bescheid weiß und mich nicht so ungeschickt anstelle.« Oder das erste Mal, um es endlich auch gemacht zu haben, um dazuzugehören und mitreden zu können, wenn die Freundinnen in der Schule ihre Liebeserlebnisse austauschen und scheinbar schon alle übergetreten sind in die Welt der Erwachsenen und ihrer Sexualität. Das erste Mal in voller Romantik, unterm Sternenhimmel am Strand, oder das erste Mal zu Hause, im heimischen Bett, die Eltern sind ausgegangen und kommen auch so schnell nicht wieder, die Kondome liegen in der Schublade bereit … oder oder oder … Der Phantasie sind keine Grenzen gesetzt. Du kannst es dir wieder und wieder ausmalen mit deinem Freund oder deiner Freundin, die du gut kennst, oder mit einem Casanova, von dem du weißt, er ist Spezialist in der Liebeskunst und wird dich durch das unbekannte Land der Körpervereinigung führen, dir vielleicht auch ein paar Tricks verraten, die du gut gebrauchen kannst, wenn du demnächst ohne ihn losziehst. Oder aber das erste Mal mit einer flüchtigen Feten-Bekanntschaft, die dich unwiderstehlich aus ihren Mandelaugen anlächelt und deren Duft dich so betört, dass du sie einfach nicht vor der Tür stehen lassen kannst.

Das Wann, Wo, Wie und Mit-Wem sind superspannende Fragen, auf die auch der allerschlauste Ratgeber keine Antwort geben kann. Die Antwort verrät dir auch nicht der Wind und auch die Sterne wissen es nicht. Es gibt einzig und allein deine ganz persönliche Antwort.

Wenn du überlegst, dass über die Hälfte aller Mädchen das erste Mal mit einem Jungen erlebt, mit dem sie fest zusammen sind, kannst du bzw. könnt ihr als Paar natürlich Pläne machen, Kerzen, Kissen und Rosen arrangieren und sogar den Zeitpunkt festlegen. Wie es dann tatsächlich sein wird, das ist bei jedem Paar anders.

Selbst wenn zwei Paare genau dasselbe tun würden, empfänden sie es ganz unterschiedlich, da hilft keine Excel-Tabelle, kein Download, kein Online-Forum dieser Welt. Es gibt keine Vorschriften und keine Gebrauchsanleitungen, außer einer: Gut ist, was du und dein Partner oder deine Partnerin beide wirklich möchten, wozu ihr Lust habt und was euch Spaß macht.

Es können noch so viele gute Freundinnen kommen mit der Frage: »Was ist denn jetzt mit Manuel, ihr seid doch schon ein Jahr zusammen?« Das hat mit dir gar nichts zu tun; wenn du findest, dass du noch nicht so weit bist und noch warten möchtest, bis ihr verheiratet oder zumindest verlobt seid, oder Manuel vielleicht auch gar nicht der Richtige für dein erstes Mal ist – dann ist dies das alles Entscheidende für dein ganz eigenes erstes Mal.

Auch wenn dieser Manuel dich immer wieder drängt, dir die Pille verschreiben zu lassen oder dir ins Ohr raunt: »Nun lass uns doch endlich, es gehört dazu«, oder sogar droht: »Wenn du nicht willst, dann such ich mir 'ne andere«, sind das alles keine Gründe, Sex mit ihm zu haben, wenn du selbst nicht bereit dafür bist. Was zu einer Partnerschaft gehört, das bestimmen die beiden Partner selbst. Die einzig entscheidende Regel ist: Beide wollen es und haben Lust dazu. Wenn dich jemand immer wieder bittet und anbettelt, dich unter Druck setzt, dass er dir die Freundschaft kündigt, musst du dich ernsthaft fragen, ob er wirklich der Richtige für dich ist. Erzwungene, herbeigeredete Liebe nach dem Motto: »Sie ziert sich nur«, ist nicht wirklich schön und schon gar nicht vertrauensbildend. Sex ist kein Handel, auch nicht in einer Beziehung. Wenn du jemals den Gedanken haben solltest: »Ich schlafe jetzt mit ihm, dann hab ich erst mal wieder Ruhe« – vergiss ihn. Vergiss ihn ganz, ganz schnell und lass dir etwas Passenderes einfallen.

Wenn du »nein« sagst, wenn du nicht willst, kannst du später auch »ja« sagen, wenn du willst. Sag auch, warum du nicht möchtest: »Es ist mir noch zu früh«, »Ich bin müde«, »Es macht mir keinen Spaß«, »Ich fühle mich nicht sicher genug.« Deine Begründung, wenn sie ehrlich ist, ist es wert, akzeptiert zu werden. Im besten Fall weckst du mit deiner Ehrlichkeit bei deinem Partner Verständnis, und ihr habt die Chance, euch darüber auszutauschen. Das würde sich wiederum vertrauensbildend auf eure Beziehung und auch auf euer Sexualleben auswirken. Und Vertrauen ist einer der wichtigsten Bausteine der Liebe.

Forscher haben Mädchen und Jungs befragt, wann sie ihr erstes Mal hatten, und sie haben herausgefunden: Die allermeisten erleben es irgendwann zwischen dem sechzehnten und achtzehnten Lebensjahr. Ein Drittel der Mädchen und fast die Hälfte der Jungs waren mit siebzehn noch »Jungfrau« bzw. noch »unschuldig«. Das wird dich vielleicht beruhigen. Und doch ist es eine reine Statistik und sagt nichts aus über ganz persönliche Zeitpunkte.

Also: Kein Stress, kein Wettbewerbseifer. Sex als sportlicher Wettkampf klappt sowieso nicht. Du bist hinterher lediglich völlig erschöpft und eine Goldmedaille gibt es auch nicht, selbst wenn du als Erste aus deiner gesamten Jahrgangsstufe über die Ziellinie läufst. Sportlicher Ehrgeiz im Bett führt in der Regel zu Frust und Unlust, einfach weil dabei deine ganz persönlichen Empfindungen, Wünsche, Träume und Bedürfnisse nach Zärtlichkeit, Verschmelzung, Erotik und Außergewöhnlichkeit komplett auf der Strecke bleiben.

Ab wann ist Sex erlaubt?

Es gibt keine Vorschrift, die Sex ab einem bestimmten Alter erlaubt oder bis zu einem gewissen Alter verbietet. Das Einzige, was es gibt, ist ein Gesetz, dass Erwachsene keine Minderjährigen verführen dürfen. Das heißt, es wird bestraft, wenn zum Beispiel ein 18-Jähriger eine 14-Jährige verführt und mit ihr Sex hat. Das ist so, weil man davon ausgeht, dass die Älteren die Stärkeren sind in dem Spiel und die Minderjährigen noch nicht so ganz überschauen können, auf was sie sich da einlassen. Es ist eine gute und wichtige Regel, um Minderjährige zu schützen.

Ansonsten gilt nur eins: Wann du Sex haben möchtest, wird dir dein Gefühl mitteilen. Kinder wollen keinen Sex haben, sie möchten die Körper erforschen, ihren eigenen und den der anderen, das hat aber nichts mit erwachsener genitaler Sexualität zu tun. Irgendwann, wenn du jugendlich bist oder erwachsen, wenn du vielleicht unsterblich verliebt bist und mehr möchtest als kuscheln, küssen und Händchen halten, wirst du es merken und dann ist es okay. Wann das sein wird, ist ganz unterschiedlich.

Vorspiel

Lukas, 17 »*Meine erste Freundin und ich, wir haben gegenseitig unsere Körper erforscht. Wir haben uns am ganzen Körper berührt und angeschaut. Ich hab sie etwas gefragt und sie mich. Wenn wir etwas nicht wussten, haben wir uns irgendwo in Büchern und im Internet die Antworten gesucht. Unsere Eltern oder so haben wir nicht gefragt.*«

Wenn du bereits deinen eigenen Körper erforscht hast und weißt, was dir gefällt, wann du abhebst und was dich eher in die Unterwelt befördert, ist das eine gute Voraussetzung für die Liebe zu zweit, fürs Vögeln, Bumsen, Miteinanderschlafen, oder welches Wort auch immer dir für die körperliche Liebe gut gefällt und angemessen erscheint.

Das »Vorspiel«, das Ausprobieren, das Sich-herantasten an den anderen Körper, das Streicheln, Lecken, Küssen ist im wahrsten Sinne ein »Spiel«. Das Liebesspiel ist spannend, aufregend und erregend und wird durch die Phantasie beflügelt, genauso wie andere Spiele auch.

Das Wort »Petting« kommt aus dem englischen »to pet« und heißt Streicheln. Kuscheltiere werden im Englischen »pets« genannt. »Petname« bedeutet Kosename und ein »Petdog« ist ein Schoßhund.

»Petting« ist eine schöne Form, sich nah zu sein, sich zu erregen, den anderen Körper kennenzulernen, auch ohne dass der Penis in die Scheide eingeführt wird. Die körperliche Erregung zeigt sich beim Jungen, indem der Penis größer und dicker wird und sich aufrichtet. Bei Mädchen schwellen Kitzler und Schamlippen an, die Scheide wird feucht, so dass das Glied leicht hineinrutschen kann, aber natürlich nicht muss.

Vielleicht möchtest du ja mit deinem Freund oder deiner Freundin erst einmal nur Petting machen, dich ganz langsam herantasten: Wie fühlt es sich an, wenn mich ein anderer Mensch an meinen intimsten, erregbarsten Stellen berührt?

Diese unbekannte Nähe kann einen total verunsichern, vielleicht auch blockieren und beängstigen. Dann heißt es erst mal den Rückwärtsgang einlegen, langsamer und vorsichtiger werden, nachforschen, was stört, und vielleicht später noch mal neu probieren. Genauso können einem die Sinne schwinden vor Wohlgefühl und es kann zum Orgasmus kommen vor Erregung.

Alles ist möglich, immer vorausgesetzt, dass ihr es beide möchtet. Nichts ist ein Muss. Ebenso wenig, wie es ein Gesetz gibt, dass den Sex verbietet, gibt es eins, das ihn verordnet. Manche Menschen leben auch ohne Sex sehr glücklich und manche mit Petting, ohne Penetration, d. h., ohne dass der Penis in die Scheide eindringt.

Eins müsst ihr beide allerdings wissen: Wenn dein Partner einen Orgasmus beim Petting bekommt, müsst ihr trotzdem aufpassen, dass kein Samen in deine Scheide gerät, auch dadurch könntest du schon schwanger werden.

Nacktsein zu zweit

Es hat Zeiten gegeben, da durften sich selbst die Ehepartner gegenseitig nicht nackt sehen. So manch alte Dame ist stolz darauf, dass ihr Mann sie niemals nackig gesehen hat, obwohl sie vielleicht drei Kinder zusammen haben. Die Zeiten von Adam und Eva, die im Paradies unbefangen nackt sein konnten und sich nicht schämen mussten, haben leider nur so lange gedauert, bis sie vom Baum der Erkenntnis gegessen hatten. Seither konnten sie nicht mehr ohne Scham nackt sein, weil ihnen ihr Nacktsein bewusst geworden war.

Sex hat viel mit Sinnlichkeit zu tun, damit, den anderen mit all seinen Sinnen zu erfahren: Wie fühlt er sich an? Wonach riecht er? Wie schmeckt er? Wie sieht er aus? Wie fühlt es sich an, wenn ich seine Haut auf meiner Haut spüre? Seinen Bauch auf meinem? Seine Zunge an meiner Vagina? Seinen Penis in meiner Hand? Wie gefällt er mir, wenn er nackt ist, und wie gefalle ich ihm? Wird er sich abwenden, wenn er meine Speckrolle entdeckt oder meine ungleichen Brüste? Werde ich enttäuscht sein, wenn sein Penis nicht so groß ist, wie ich ihn mir vorgestellt habe, und werde ich sofort die Beziehung beenden wegen mangelnder Penislänge oder zu wenig Muskeln an den Oberarmen? Nein! Das wird nicht passieren. Aber schon allein das gemeinsame Nacktsein ist aufregend genug. Nackt aus dem Bett huschen, um auf Toilette zu gehen, Kondome aus dem Bad mitzubringen oder um einen kühlen Drink zu besorgen, ist anders, als wenn du allein bist oder mit deiner Schwester, die dich schon oft nackig gesehen hat. Alles ist neu, steht unter Beobachtung; wenn ihr euch mögt, unter liebevoller, wohlwollender Beobachtung.

Falls du dich unsicher fühlst, sei dir gesagt: Die Liebe schert sich nicht um Pfunde, und es gibt die sehr hohe Wahrscheinlichkeit, dass dein Freund oder deine Freundin deinen Körper wunderbar findet und deine breiten Hüften besonders anziehend. Und du bist sehr wahrscheinlich ganz froh, dass sein Pimmel nicht so groß ist, dass dir die Vorstellung, er dringt damit in dich ein, nicht gleich Schweißperlen auf die Stirn treibt. Dein Körper gehört zu dir und ist einzigartig – und so wird es auch dein Partner sehen.

Entjungferung oder: Die Unschuld verlieren

Das »erste Mal« hat nicht nur etwas Magisches, weil da was zum allerersten Mal passiert. Der erste Sex ist für Mädchen und Frauen darüberhinaus auch mit dem einmaligen Ereignis verbunden, dass das Jungfernhäutchen reißt. »Entjungferung« sagen wir dazu, und wenn man dieses Wort mal genauer betrachtet, zeigt sich, dass der Begriff von der männlichen Perspektive geprägt ist. Er beinhaltet immer: Ein Junge entjungfert ein Mädchen. Zugleich klingt etwas weiblich Passives mit, im Sinne von »Es geschieht etwas mit mir«. Für die »Jünglinge« ist kein entsprechendes Wort gebräuchlich, wenn sie ihr erstes Mal erleben.

Was mit dem Hymen passiert, ist manchmal gar nicht spürbar. Manche Mädchen oder Frauen verspüren einen leichten Schmerz und es blutet ein wenig.

In einigen Kulturen ist die Sache staatstragend und durchaus nicht nur eine Angelegenheit des Mädchens, sondern eine Angelegenheit der ganzen Familie und ihrer Ehre. Die Entjungferung kann das Schicksal des Mädchens bestimmen, obwohl es ja viele Gründe haben kann, warum das Hymen schon gerissen ist. Manche Frauenärzte führen eine »Hymenalrekonstruktion« durch, d. h., das Hymen wird wieder zusammengenäht, um Jungfräulichkeit vorzutäuschen und Mädchen aus islamischen Kulturen harte Folgen zu ersparen.

In islamisch-arabischen Ländern wartet die Familie des Mannes in der Hochzeitsnacht so lange vor der Tür der Brautleute, bis sie das blutbefleckte Leintuch wie eine Trophäe entgegennehmen kann. Einem Mädchen, das nicht jungfräulich geblieben ist, droht eine harte Bestrafung: Wenn die Sache bei der Hochzeit herauskommt, verfällt die Braut moralischer Ächtung, auf jeden Fall muss sie mit einer Scheidung rechnen.

Auch in der christlichen Kultur spielt die Jungfräulichkeit eine bedeutsame Rolle. Warum sonst wird die Mutter Jesu als »Jungfrau Maria« verehrt?

Noch heute existieren in manchen Köpfen die konträren Bilder von der unanständigen Frau, der »Hure«, die mit vielen Männern schläft und fürs Bett gut ist, einerseits, und von der anständigen, »heiligen« Frau andererseits, die den mütterlichen, »reinen« Frauentypus verkörpern soll. Darin liegt eine große Wertung, verbunden mit dem Gedanken, anständige Frauen empfänden keine Lust bzw. dürften ihrer Lust nicht nachgehen. Ganz anders war es in der babylonischen Zeit. Dort wurde zum Beispiel die Göttin Ischtar als Hure und Jungfrau zugleich verehrt. Tempelpriesterinnen hießen »Jungfrauen«, auch wenn sie schon mehrere Kinder geboren hatten.

Ähnlich ist es mit der Redewendung »Die Unschuld verlieren«. Das klingt so, als würden Mädchen sich schuldig machen, wenn sie mit einem Jungen ins Bett gehen, als verlören sie das »Harmlose« und wären nicht mehr »rein«.

Unschuld ist Unwissenheit, Unbekümmertheit, Ahnungslosigkeit. Insofern stimmt es: Die Unwissenheit weicht einem Wissen, einer Ahnung. Es entsteht ein Gefühl und das Bewusstsein: »Jetzt bin ich in der erwachsenen genitalen Welt angekommen. Ich habe Sex im erwachsenen Sinne.« Das gilt für lesbische Paare genauso wie für Heterosexuelle. Mit »Unreinheit« hat das aber rein gar nichts zu tun.

Statistisch gesehen kommen 11 Prozent aller Mädchen mit einem dehnbaren Hymen zur Welt, 17 Prozent mit einem Jungfernhäutchen, das sehr dünn ist und leicht zerreißen kann, 31 Prozent mit einem festen, elastischen Hymen. Nur 41 Prozent besitzen ein Jungfernhäutchen, das man als »normal« (was die Festigkeit angeht) bezeichnen kann.

Beim ersten Mal verhüten

Ob dein erstes Mal dich spontan erwischt oder schon länger zwischen deinem Freund und dir in der Luft liegt, es bleibt das erste Mal, eine neue Erfahrung.

Jeder Plan durchkreuzt das Spontane, aber keine Sorge, spontan wird es beim ersten Sex sowieso zugehen, ganz gleich, mit wem und wann es dazu kommt. Für den Fall, dass »es« passiert, in Sachen Verhütung gerüstet zu sein, wird dir das erste Mal ganz sicher angenehmer machen. Es hat den großen Vorteil, dass du nicht die ganze Zeit die Ängste vor Schwangerschaft und Ansteckung aus deinem Kopf vertreiben musst und du stattdessen in deinem Hirn noch ausreichend Kapazitäten frei hast, um an deinen Partner und eure Lust zu denken.

Auf die Möglichkeit, den Pimmel rechtzeitig aus der Scheide zu befördern, ist wie gesagt kein Verlass. Besser, wenn ihr ganz offen über Kondome und Verhütung sprecht, vielleicht schon mal welche vorab begutachtet und damit rumspielt und das als eigenes »Event« behandelt. Vielleicht ergibt sich die Gelegenheit, über Sex und Verhütung zu sprechen, auch wenn es oft nicht leicht fällt. Aber Übung macht die Meisterin und den Meister.

Über Sex reden

Wenn man sich umhört, wie manche Leute, auch erwachsene Paare, die sich schon lange kennen, miteinander über Sex reden, kommt es einem so vor, als sei das Sprechen über Sexualität schwieriger als die Sexualität selbst. Stumm vor sich hin fummeln, rammeln, vögeln … scheint die leichtere Übung zu sein, als das Ganze in ehrliche Worte zu fassen. Komisch eigentlich.

Ist es die Angst, das Liebesspiel zu entzaubern, oder die Unbeholfenheit, weil wir nicht geübt sind, während der intimsten und persönlichsten Momente über den Körper und unsere besonderen Vorlieben zu sprechen? Vielleicht fühlen sich viele durch das Formulieren ihrer Wünsche oder das Sprechen über Verhütung schutzloser und ausgelieferter, als wenn sie es einfach »machen«?

Die Sorge, der andere könnte sich über mich lustig machen oder mich aufziehen mit meinem Geständnis, dass ich gerne am Ohrläppchen geküsst, an der Brustwarze gestreichelt werden möchte oder Angst habe vor so viel Nähe, lässt einen verstummen.

Es ist schon absurd, dass nackte Menschen auf Plakatwänden unsere Straßen pflastern, als wäre dies das Normalste der Welt, aber wenn es darum geht, einfach über Nacktheit und Sex zu reden, sich sogar geübte Showmaster vor lauter Scham an ihren eigenen Worten verschlucken.

Wenn in der Öffentlichkeit oder auf der Straße über Sex geredet wird, dann oft in abwertender Weise. Aus den Brüsten werden »Titten«, aus der Vagina wird die »Fotze«, aus Vögeln wird »Rammeln« … Offenbar ist das für etliche Menschen die einzige Möglichkeit, ihre Unsicherheit im Umgang mit Nacktheit, Körper und Sexualität zu verbergen. Eine ziemlich misslungene Art.

Aber wie soll es gehen? Dass wir nicht mit jedem und jeder über unsere intimsten Wünsche, über Sexualität und Körper sprechen, ist wiederum auch normal. Es geht nicht jeden etwas an. Wir brauchen dafür einen geschützten Rahmen, eine Person, der wir vertrauen können, und ein Gefühl von Selbstsicherheit.

Auch wenn uns die Übung und vielleicht auch die Selbstverständlichkeit fehlen: Fast alle wünschen sich, darüber sprechen zu können, ihre Wünsche nicht nur zu zeigen, sondern auch zu formulieren. Und eins sei dir versichert: Es hilft. Es hilft hinweg über Missverständnisse, über Peinlichkeiten, über Unzufriedenheit und über das Gefühl, aneinander »vorbeizusexen«.

Siba, 21 »Allgemein finde ich das Reden über Sexualität wichtig und mit dem Partner auch nicht unangenehm. Ich wollte zum Beispiel immer von meinen Freunden wissen, ob sie sich trotz mir als Freundin, wenn ich mal nicht da bin, einen runterholen oder an welcher Stelle am Körper sie am liebsten geküsst werden.«

Johnny, 20 »Ich finde es wichtig, über Sexualität zu reden und es zu können. Es ist kein Tabuthema. Ich habe mit meiner Freundin öfter darüber gesprochen, manchmal auch abends, wenn wir im Bett lagen. Mal hat sie angefangen, mal ich. Es war unterschiedlich. Manchmal haben wir nach dem Sex darüber geredet, wie wir beide es fanden. Mal haben wir über unsere Einstellungen gesprochen und uns erzählt, was der jeweils andere gerne hat. Wir haben auch über die Gefühle des anderen geredet. Ich hab sie manchmal gefragt, wie es sich anfühlt, wenn ich sie streichele.«

Maike, 16 »Wir haben nicht direkt über Sexualität geredet, sondern über die Macken an unseren Körpern und was wir selber an uns nicht mögen. Er mochte seinen Bauch nicht und fand sich zu hässlich für mich. Ich dagegen mag eigentlich meine Brüste nicht, weil, egal was ich anziehe, mein Körper eher einem Jungen als einem Mädchen ähnelt. Seitdem wir uns das gesagt haben, kommen wir besser miteinander klar und finden uns eigentlich gar nicht mehr so verunstaltet. Ich bin froh, dass wir darüber gesprochen haben.«

Heidi, 18 »Es ist wichtig, über Sexualität offen zu reden, damit in der Beziehung keine Missverständnisse auftreten. Bei mir hat der Partner angefangen, darüber zu sprechen. Ich glaube, es ist häufig so, dass Jungs den Anfang machen, weil sie wissen möchten, ob sie dem Mädchen wehgetan haben.«

Wie es sein kann

» Vorsichtig bewegt er sich in ihr, dabei würde er am liebsten vor Verblüffung und Begeisterung schreien. Den Orgasmus spürt er kaum. Aber das ist nicht wichtig. Still liegen sie beieinander. In seinem Bauch gluckert es. Oder ist das ihr Bauch? Er ist stolz auf sich, aber er versteht nicht, weshalb sein Penis zwischendurch weich geworden ist ... «
  Aus »Herzkasper. Eine Geschichte über Liebe und Sexualität« von Rainer Neutzling

»Die Liebe besteht zu drei Vierteln aus Neugier«, schrieb Casanova. Vor über 200 Jahren war er der populärste Liebhaber in ganz Europa. Seine Affären und Abenteuer waren berühmt-berüchtigt, er hatte viele Erfahrungen gesammelt und kannte sich richtig gut aus in Sachen Liebe und Sexualität. Obwohl Casanova auch Schriften verfasste, hat er nie eine Gebrauchsanleitung für das Liebesspiel geschrieben, die wir jetzt einfach aus der Schublade ziehen könnten und die für alle anwendbar wäre. Schade eigentlich, oder zum Glück. Es gibt keine Gebrauchsanweisung für die Liebe, aber es gibt Erzählungen und Erfahrungen, wie sie sein kann:

Eva, 19 »Das erste Mal war lustig. Wir waren fünf Monate zusammen, er hat gedrängelt. Wir hatten vorher totales Vertrauen, so dass wir über alles geredet haben. Wir waren beide fünfzehn. Irgendwann wollte ich auch, dann habe ich ›ja‹ gesagt. Bei ihm hatten wir unsere Ruhe, bei mir kam ständig jemand rein. Das war genau am 3. Oktober, dem Tag der deutschen Einheit. Da dachten wir, wir sollten uns auch vereinigen. Es war geplant und planen sollte man auch. Ich habe Kondome gekauft. Wir hatten vorher schon zusammen im Bett gelegen und Petting gemacht. Es hat nicht so geklappt, es hat wehgetan, dann haben wir irgendwann aufgehört. Ein paar Tage später, am 6. Oktober, das war ein Samstag – solche Tage merke ich mir – haben wir es dann noch einmal gemacht.«

Jana, 20 »Das erste Mal war grauenhaft. Nichts hat geklappt. Das lag aber daran, dass wir beide noch keinerlei Erfahrung damit gemacht hatten.«

Marco, 17 »*Es war von uns beiden irgendwie das Verlangen da, weiter zu gehen, als nur zu küssen, uns in den Armen zu halten und zu streicheln. Es war ein traumhaftes Gefühl, ihr so nahe zu sein und sie so zu fühlen.*«

Der Mond lächelte milde durch den seidenen Vorhang, ihre Lippen trafen sich, ihre Körper vereinigten sich, es klappte alles wie am Schnürchen oder wie im Kitschroman – solche Geschichten hört man eher selten, um nicht zu sagen, nie.

Komische Szenen, Missgeschicke, Unvorhergesehenes sind das Normale: Das Glied deines Partners schrumpft, als er sich das Kondom überziehen will, das Zelt, in das ihr euch zurückgezogen habt, kracht ausgerechnet zusammen, als du seinen Penis liebkost, oder dein Vater klopft an und bringt mit freundlichem Lächeln Butterbrote für euch herein, als ihr gerade aufeinanderliegt. Sinn für Komik und Vertrauen in den anderen sind gute Zutaten, um sich nicht vom Pfad der Liebe abbringen zu lassen.

> Bei den Chaco-Indianern in Südamerika verbrachte ein neu vermähltes Paar die erste Nacht auf dem Fell einer Stute oder eines Ochsen, mit dem Kopf nach Westen liegend. Die Hochzeitsnacht wurde erst als gültig betrachtet, wenn die aufgehende Sonne die Füße des Paares beschienen hatte.

Das zweite, dritte, vierte Mal

Babette, 18 »*Bei mir hat das Entdecken des Körpers zeitgleich mit dem Entdecken der Sexualität begonnen, das war irgendwie eins. Jedes Mal mit meinem Freund war anders. Ich hatte nur noch Lust, Zeit mit ihm zu verbringen. Was ich beim Sex schön fand, wusste ich einfach von Mal zu Mal besser.*«

Siba, 21 »*Wenn ich an mein erstes Mal denke, ist mir vor allem klar: Es gibt auf jeden Fall andere Male, die erwähnenswerter wären. Nichtsdestotrotz war es damals der Richtige. Ich war total in ihn verliebt. Danach waren wir weitere sechs (!) Jahre zusammen. Natürlich war es von Mal zu Mal schöner. Aber vielleicht ist es wichtig zu sagen, dass ich absolut nicht unter Druck stand und ich mir auch vorher nicht oft ausgemalt habe, wie es wohl wird. Ich habe mich einfach sicher gefühlt, weil ich wusste, dass er mich liebt, und weil ich eben auch so verliebt war.*«

Hat »guter Sex« was mit Übung und Können und Training zu tun? Vertrauen zu haben und sich immer vertrauter zu werden, gehört zur Liebeskunst dazu. Vertrauen, dass du dich in dem Moment sicher fühlen kannst und so angenommen wirst, wie du bist, hilft dir, dich deinem Partner hingeben zu können und seine Berührungen zu genießen. Und Selbstvertrauen, das Gefühl, »Ich bin gut, so wie ich bin, und so werde ich auch geliebt«, ermutigt dich, deiner Phantasie freien Lauf zu lassen.

So hast du jedenfalls gute Voraussetzungen, zu »üben« und dein Naturtalent zu entfalten.

Dazu gehört auch, sich zu verständigen, sich gegenseitig zu zeigen und zu sagen, was man mag und was nicht. Die Vorstellung, füreinander durch höhere Fügung bestimmt zu sein, sich blind und ohne Worte zu verstehen, ist schön und kann ab und zu auch tragen, aber nicht immer. Stillschweigend anzunehmen, dein Partner wird schon wissen, was du willst und was gut für dich ist, ist das eine. Ihm oder ihr deine Wünsche mitzuteilen, würde euch beiden aber die Chance geben, euch kennenzulernen und zu entwickeln, auch im Bett. Und mehr noch: Die richtigen Worte können das Liebesspiel anfachen, die Phantasie beflügeln und die Spannung steigern.

Orgasmus

»Orgasmus« kommt von dem griechischen Wort »orgon« und das bedeutet »heftig verlangen«. Eigentlich müsste man noch ergänzen: »und dann außer Kontrolle geraten«.

Der Orgasmus ist der Höhepunkt sexueller Erregung. Die Spannung im Körper steigt immer höher, immer höher, immer höher und dann … und dann durchströmt einen eine unkontrollierte Welle oder eine Flut des Kribbelns, der Wärme, der Entspannung. Sekunden, vielleicht drei, vier, fünf oder zehn, noch eine Welle, vielleicht mehrere, mal durchzuckt es einen in sanfter Weise, mal ist es wie ein kleiner Stromstoß, der den ganzen Körper erfasst. Und dann? Eine kurze Zeit durch den Raum schweben, dann die sanfte Landung. Entspannung, Erschöpfung.

Beschreibungen des Orgasmus sind wirklich orgiastisch wie die Gefühle selbst. Technisch ausgedrückt ist der Orgasmus eine Folge von Muskelkontraktionen auf dem Höhepunkt sexueller Erregung. (Kontraktion = Zusammenziehen und Loslassen).

Im Film sieht das ungefähr so aus: Die Körper wölben sich gen Himmel, Stöhnen, Schreie, Ekstase und ein letzter, tiefer Seufzer. In Wirklichkeit ist es bei jedem verschieden. Jede lässt ihre Gefühle anders heraus und auch das müssen manche erst üben. Mit Vertrauen geht es immer besser, die Gefühle zu zeigen, zu schreien, wenn einem nach Schreien ist, zu stöhnen, wenn einem nach Stöhnen ist … leise vor sich hinkichern, wenn man kichern möchte.

Jungs-Orgasmus

Jungs vor der Geschlechtsreife erleben einen »trockenen« Orgasmus, d. h. einen Höhepunkt ohne Samenerguss. Ab dem Zeitpunkt ihrer Geschlechtsreife dann spritzt Samen aus dem Penis heraus, ein deutliches Signal für die Entladung und damit das Ende der Erregung. Meist brauchen Männer dann eine längere Zeit der Erholung, bevor es weitergeht mit einer erneuten Erektion.

Manche schwören darauf, ihren PC-Muskel zu trainieren. »PC« steht für den komplizierten Begriff »Musculus pubococcygeus«, das ist der Schambein-Steißbeinmuskel, mit dem man auch das Pinkeln unterbrechen kann. Nach ausreichendem Training jedenfalls können manche Männer Höhepunkte in kurzen Abständen erleben. Aber das ist schon die höhere Kunst.

Der Orgasmus der Jungs und Männer ist notwendig, wenn sie ein Kind zeugen wollen, es sei denn, mit dem Glückstropfen gelangen schon Samenzellen in die Scheide des Mädchens oder der Frau.

Mädchen- und Frauen-Orgasmus

Auch manche Frauen haben beim Orgasmus eine Art Erguss. Sie stoßen eine farblose bis weißliche Flüssigkeit aus, ungefähr so viel wie beim männlichen Samenerguss. Diese Flüssigkeit wird von kleinen Drüsen neben der Harnröhre produziert.

Mädchen können mehrere Orgasmen hintereinander erleben. Zur Befruchtung ist es nicht notwendig, dass Frauen einen Orgasmus haben, aber die Muskelbewegungen während des Orgasmus wirken in der fruchtbaren Zeit empfängnisunterstützend, da sie den Gebärmuttermund rhythmisch bewegen und so die Aufnahme der Samenflüssigkeit fördern.

Wie funktioniert eigentlich der weibliche Orgasmus? Wie wird er ausgelöst? Und wo?

Früher hat man den »vaginalen Orgasmus« als den »reifen« weiblichen Orgasmus angesehen, aber nur wenige Frauen haben ihn tatsächlich. Eins ist klar: Im Inneren der Scheide gibt es keine berührungsempfindlichen Nerven, deswegen spürst du auch einen Tampon nicht. Nervengewebe befindet sich nur am Scheideneingang. Fragt sich, wie der vaginale Orgasmus, also der Orgasmus, der durch das Eindringen und Auf- und Abgleiten des Penis in der Scheide verursacht wird, überhaupt funktionieren soll.

Da ist noch keiner zu einem stimmigen Ergebnis gekommen, und nicht nur die meisten Sexualforscher, sondern auch die meisten Frauen wissen, dass der weibliche Orgasmus vor allem ein »klitoraler« ist, also durch direkte oder indirekte Berührung des Kitzlers ausgelöst wird. Nicht ausschließlich, vielleicht auch in Kombination mit Streicheln der Brust, der Schamlippen, des Ohrläppchens.

Der Kitzler ist das Körperteil, in dem es pocht, wenn du einen Orgasmus bekommst. Nach neueren Erkenntnissen ist er viel größer als allgemein angenommen. Elf Zentimeter soll er sein und seine Nervenenden bis in die Vagina und in die Schenkel reichen. Damit wäre die kleine Perle nur die Spitze der Klitoris, die dann viel eher eine ganze Körperzone beschreiben würde. Vielleicht ist gerade dies auch die Erklärung für den vaginalen Orgasmus: dass eben die Nervenenden des Kitzlers so weit in die Vagina hineinreichen.

G- und andere Punkte

Geheimnisvoll und spannend ist die Frage nach der Existenz des »G-Punktes«. Wo ist er? Und wie funktioniert er?

Vielleicht hast du dich auch schon mal auf die Suche nach ihm gemacht oder deinem Partner den Auftrag gegeben, ihn zu finden. Das ist so ähnlich wie mit der Suche nach einem verborgenen Schatz, von dem keiner mehr weiß, wo er eigentlich geblieben ist.

Der G-Punkt wurde 1950 von dem Arzt Ernst Gräfenberg »entdeckt«. Er hatte diese erogene, Lust bringende Zone in der vorderen Vaginalwand entlang der Harnröhre, hinter dem

Schambein, ausgemacht. Bei sexueller Erregung schwillt sie an.

Trotz Entdeckung und Anlegen einer Schatzkarte samt Ortsbestimmung können viele den G-Punkt einfach nicht finden und seine Existenz ist äußerst umstritten. Der malaysische Frauenarzt Chua Chee Ann entdeckte dafür den »A-Punkt« und lokalisierte ihn in der Scheidenvorderwand zwischen G-Punkt und Gebärmutterhals. Aber auch nach ihm haben schon viele Schatzsucher vergeblich Ausschau gehalten.

Wie Frauen zum Orgasmus kommen, beschreiben sie selbst sehr unterschiedlich und auch die Empfindungen sind sehr verschieden. So erzählt die amerikanische Sexualtherapeutin Gina Ogden Folgendes:

> *» Hat euch schon mal jemand einen Seidenschal unglaublich langsam über den Bauch gezogen oder mit einem Federwisch euren Rücken und Hintern bearbeitet, bis ihr vor Wonne fast gestorben seid? – Wir kommen zu dem Schluss, dass es weit mehr Dinge zwischen Himmel und Erde gibt, die im Bett sensationeller sind als selbst der geschickteste Penis. Ein Penis kann pochen, stoßen, pulsieren, sägen, hämmern, mahlen, ejakulieren, manchmal sogar liebkosen, aber er kann nicht saugen, lecken, nibbeln, schlagen, eine Ganzkörpermassage geben, wie Federn kitzeln oder eine Stunde lang vibrieren. «*

Letztendlich ist die Frage, ob »vaginal« oder »klitoral«, eher müßig. Entscheidend ist: ausprobieren. Was gefällt dir? Was törnt dich an? Und was möchtet ihr zusammen gern?

167

Gleichzeitiger Orgasmus

Das Allergrößte, sozusagen die Krönung der Krönung – so stellt man sich den gleichzeitigen Orgasmus vor. Aber, Warnung: Er ist sehr selten, erfordert Übung und perfektes Timing. Besser ist, wenn ihr die Messlatte nicht so hoch hängt, die Sache könnte sonst gehörig schiefgehen. Und: Mit perfektem Liebesbeweis hat das alles sowieso nichts zu tun. Orgasmen nacheinander, mal so, mal andersherum zu erleben, auszuprobieren, die Lust an der Lust und am anderen ist entscheidender. Manchmal hat auch nur einer einen Orgasmus, der andere nicht. Das kann völlig okay sein, wenn nicht einer von euch dauerhaft zu kurz kommt.

Ist dein Partner der zuerst Befriedigte und sackt er dann erschöpft in sich zusammen, hat keine Lust mehr, lässt dich hängen? Oder hat er dich nur für einen Moment vergessen, weil er sich so wohl fühlt und völlig in sich selbst versunken ist? – Es kann auch im Bett und bei der Liebe zu vielen Missverständnissen kommen, deshalb: Wenn du etwas nicht verstehst, enttäuscht bist über seinen mangelnden Ehrgeiz, seine geringe Aufmerksamkeit dir gegenüber oder seine schwer zu deutenden Liebeszeichen, sprich es an, gleich in der Situation oder spätestens am nächsten Tag.

Vorgetäuschter Orgasmus

Lautes Stöhnen, Schreien, Stammeln geht auch ohne Orgasmus. Einige Mädchen haben das Gefühl, sie müssten ihrem

Partner einen Orgasmus vortäuschen, um ihm die Bestätigung zu geben: »Du hast es geschafft, du bist so potent, dass du mich zum Ausrasten bringst«, oder aber auch, um sich Fragen zu ersparen, die sie vielleicht als unangenehm empfinden: »Hattest du keinen?«, »Was soll ich machen?« Oder sogar: »Bist du frigide? Gefühlskalt? Kannst du keine Lust empfinden, dich nicht gehen lassen?«

Deshalb eine Show abzuziehen, ist zwar nicht verboten, aber es bringt auch nichts, außer dich vielleicht aus der Situation herauszuretten. Langfristig ist es fraglich, ob du dich immer weiter in eine solche Lage bringen möchtest, aus der du doch eigentlich lieber so schnell wie möglich wieder rauswillst. Besser ist es, allein oder gemeinsam zu überlegen, wo das Problem liegt.

Mit sogenannter »Frigidität«, also Gefühlskälte, hat die Sache übrigens nichts zu tun. Dass es so etwas bei Frauen geben soll, ist eher eine Erfindung von Männern, die von ihrer eigenen Unsensibilität ablenken wollen, sich schämen oder in ihrer männlichen Ehre angekratzt sind, weil sie der Frau keinen Orgasmus bereitet haben. Also, die Geschichte von Frauen, die ein Eisberg sind, ist eine Mähr.

Sally »kommt«

In dem Film »Harry und Sally« kannst du einen wirklich lustigen Orgasmus sehen: Sally sitzt mit Harry in einem Restaurant und stöhnt sich laut zum Höhepunkt. Alle Leute drehen sich um, und eine ältere Dame ist ganz entzückt von dem wunderbaren Essen, das Sally ihrer Meinung nach zu sich genommen hat, und bestellt umgehend das Gleiche. Dabei wollte Sally ihrem Freund Harry nur beweisen, wie leicht sich ein Orgasmus vortäuschen lässt.

Zielgerichteter Orgasmus

»Orgasmus muss sein.« Das haben manche Menschen im Kopf und setzen sich damit unter einen enormen Leistungsdruck. Der Orgasmus als Trophäe, die jeder nach Hause trägt. Er gibt die Sicherheit, »gut im Bett« gewesen zu sein, und mit ihm hat die ganze sexuelle Reise ein Ziel gehabt: den Höhepunkt selbst.

So kann man Sex praktizieren, wenn man möchte. Kurz und bündig und zielgerichtet. Wenn beide das wollen und schön finden, kann das wunderbar sein. Ein »Spontan-Fick« im Zugabteil, während einer langen dunklen Tunnelfahrt, so wie es die amerikanische Autorin Erica Jong in ihrem Roman »Angst vorm Fliegen« beschreibt. Oder auf der Disco-Toilette, im Auto oder auch zu Hause auf dem Küchentisch … immer mit dem Ziel: Befriedigung sofort.

Mach dich frei vom Orgasmus-Stress. Der Orgasmus ist keine Pflicht und muss nicht sein. Es gibt tausende Arten des Liebesspiels, in der chinesischen Liebeskunst beispielsweise ist es die hohe Kunst, kurz vor dem Orgasmus die Berührungen zu stoppen und dann wieder neu anzusetzen. »Der Weg ist das Ziel« sozusagen.

Im Hinduismus und Buddhismus ist die Verstärkung der sexuellen Lusterlebnisse lediglich das Nebenprodukt einer spirituellen Handlung. Es geht um Höheres: Die sexuellen Techniken des »Tantras« bezwecken nach traditioneller Auffassung die Nähe zu den Göttern, insbesondere zu der Doppelgottheit Shiva/Shakti. Durch das orgastische Erleben werden die Ich-Grenzen aufgelöst und man wird selbst göttlich. Andere fernöstliche Vorstellungen betrachten den Orgasmus als das Bad des Körpers in Qi. Und »Qi« bedeutet Lebensenergie. Orgasmus also als Tankstelle für Lebenskraft.

Sex-Stellungen

Das Wort »Stellungen« hat nicht unbedingt mit »sich hinstellen« zu tun. Vielmehr geht es darum, wie sich die Körper beim genitalen Sex zusammenfügen. Wo sind Arme und Beine und Bauch und Kopf und Po? Natürlich kann man auch im Stehen Sex haben, aber das ist vielleicht nicht die häufigste Variante.

Ganz klassisch liegt der Mann auf der Frau, der Junge auf dem Mädchen. Das nennt man die sogenannte »Missionarsstellung«.

Die Missionarsstellung heißt so, weil die Südseeinsulaner sie bei christlichen Missionaren und deren Ehefrauen beobachtet haben. Bei den Insulanern war es im Gegensatz zu den Fremden »normal«, dass die Frau beim Ge-

schlechtsverkehr auf dem Mann lag oder saß. Die umge-
kehrte Position empfanden diese Menschen als »ver-
kehrt«. So beschreibt es jedenfalls der Sexualforscher Al-
fred Kinsey, doch seine Deutung ist umstritten.

Wie es auch war, es ist eine Frage der Perspektive, der Vorlieben und auch der Gewohnheit, in welcher »Stellung« man Sex
haben kann. Sitzend, liegend, stehend, einer oben, der andere
unten und umgekehrt. Eurer Phantasie sind keine Grenzen gesetzt, vorausgesetzt natürlich, beide haben Lust, eine bestimm-
te Stellung auszuprobieren. Es gibt keine Verpflichtung, zu
akrobatischen Höchstleistungen aufzulaufen.

Was hältst du von verschiedenen Stellungen beim Sex?

Siba, 21 »Gut, dass es sie gibt, die besten muss man
selbst herausfinden.«

John, 16 »Wenn beide verschiedene Stellungen wollen, ist es doch okay. Ich finde, jedes Paar sollte selbst
herausfinden, wie es miteinander Sex haben möchte. Es
hat vielleicht auch mit Experimentieren zu tun und es
hat vielleicht was Aufregendes.«

Jara, 17 »Eigentlich ganz cool, weil so Abwechslung
hineinkommt und man es nicht als langweilig ab-
stuft.«

Sex-Varianten

Neben dem genitalen Sex, bei dem der männliche Penis in die Scheide eingeführt wird, gibt es noch viele andere Spielarten, wie Menschen Sex haben können. Die Hände, die Zunge, Sexspielzeug, erotische Literatur, Hörspiele oder Filme können zur Erregung und zum Liebesspiel genutzt werden. Es gibt eine ganze Welt zu entdecken, wenn beide das gerne möchten.

Die klassischen Sexvarianten heißen Oralsex und Analsex:

Oralsex

»Oral« kommt aus dem Lateinischen von »os oris« und bedeutet Mund. Beim Oralsex werden die Geschlechtsorgane des Partners oder der Partnerin mit dem Mund liebkost und erregt. Die Erregung des Penis mit dem Mund heißt »Fellatio«. Das kommt wiederum aus dem Lateinischen von »fellare«, saugen. Die Stimulierung der Vagina mit der Zunge nennt man »Cunnilingus«. Umgangssprachlich sagt man auch »es französisch machen« oder, eher abfällig, »einen blasen«. Das englische »blowjob« wird ebenso eher abfällig benutzt, als sei es ein Job, den man für jemanden macht.

Den anderen mit dem Mund an den Geschlechtsteilen zu liebkosen, ist eine sehr intime Geste, einerseits, weil sich der oder die Liebkoste noch mehr ausliefert als beim genitalen Sex, andererseits, weil der Geruch und der Geschmack des Genitals sehr intensiv wahrgenommen werden. Manche Frauen erleben beim Oralsex einen besonders intensiven Orgasmus, weil die Zunge ganz zielgenau den Kitzler erregen kann. Wenn beide Partner sich gegenseitig gleichzeitig mit dem Mund erregen, nennt sich das »Sixty-nine«, also »69«, in Anlehnung an die Stellung, die die Körper dabei meist einnehmen.

Oralverkehr wurde zu allen Zeiten praktiziert. Der Vorteil war, gerade als es noch keine Pille gab, dass bei dieser Sexvariante keine Befruchtung möglich und keine Schwangerschaft zu befürchten ist.

Analsex

»Anal« kommt aus dem Lateinischen von »Anus, After«, zu deutsch »Darmausgang« oder »Poloch«. Beim Analverkehr wird der Penis in den After der Frau oder eines anderen Mannes eingeführt. Die Berührung des Anus oder das Hineinstecken der Finger in den Darmausgang der Frau oder des Mannes nennt man »anale Stimulation«, also anale Erregung.

Das Poloch ist umgrenzt von einem sehr starken Muskel, der es wie ein Kranz umschließt und sehr viele Nervenenden hat, so dass er sehr empfindlich ist. Das Poloch beim Sex einzubeziehen, ist für manche komisch, einfach weil durch diesen Gang auch die Darmausscheidungen kommen. Andererseits finden es manche ganz toll, eben weil es so empfindlich ist. Auf  jeden Fall braucht es etwas Übung und wegen der Verletzungsgefahr sollte man auf kurze Fingernägel achten und Gleitcreme benutzen. Aufgrund der Möglichkeit, dass Krankheiten wie Aids oder Hepatitis übertragen werden, ist es beim Analsex wichtig, ein Kondom zu benutzen.

Analverkehr ist in manchen Ländern sehr umstritten. In verschiedenen Religionen und Staaten ist es keineswegs eine private Angelegenheit, sondern steht unter Strafe, zum Teil sogar unter Todesstrafe. In Saudi-Arabien wird es mit Peitschenhieben und Geldbußen bestraft, im Iran zum Teil mit dem Tod. Das geschieht vor allem deshalb, weil dort Homosexualität strafbar ist und Analverkehr eine Form der Sexualität ist, die häufig von homosexuellen Männern praktiziert wird.

Pornos

Pornos sind vor allem Männersache. Das ist jedenfalls die Tradition. Es gibt schon sehr viel länger und vor allem sehr viel mehr Bilder und Filme mit nackten Frauen für Männer als Pornos, die speziell für weibliche Zuschauer gemacht sind.

Pornos für Männer zeigen Bilder mit nackten Frauen, die in aufreizenden Posen offen ihre Geschlechtsteile präsentieren und willig mit irgendwelchen Muskelprotzen, oder auch mit anderen Frauen, Sex haben. Das soll Männern antörnen und scharfmachen.

»Porno« ist die Abkürzung für »Pornographie«. Pornographie ist ein Kunstwort, das sich aus dem Altgriechischen ableitet und wörtlich übersetzt »unzüchtige Darstellung« bedeutet. Gemeint sind Bücher, Bilder oder Filme, in denen Personen gezeigt werden, die Sex haben und deren Geschlechtsorgane besonders deutlich dargestellt werden. Pornographische Darstellungen hat es schon immer gegeben. Auf Wandbildern im alten Rom und auf antiken, griechischen Vasen finden sich erotische Malereien, in denen Sex angedeutet wird.

Viele Jungs kommen »irgendwie« mit Pornos in Kontakt, oft durch andere Jungs oder Männer. Manche finden Pornos auf Schulhöfen, in Mülleimern oder haben eines Tages ein Video auf dem Handy, das ihnen jemand ungefragt geschickt hat. Andere schauen ganz gezielt im Internet, was es da an Sex zu gucken und zu lernen gibt, oder kaufen sich Pornos an Kiosken oder leihen sie sich in Videotheken.

Was die Jungs damit machen? Viele wissen es selbst nicht so genau. Einige machen sich darüber lustig, weil sie gar nicht wissen, wie sie mit so viel Distanzlosigkeit und direkten Sexdarstellungen umgehen sollen. Andere hoffen, darin etwas fürs Leben zu lernen, und wieder andere finden die Bilder einfach stimulierend und nutzen sie als Anregung, um sich selbst zu befriedigen. Pornos wirken schockierend und anziehend zugleich.

Simon, 16 »*Pornos schaut man sich eigentlich zur Inspiration oder zur Belustigung an. Man denkt dann: ›Wie bekloppt kann man sein?‹, oder fragt sich, wer Pornos als wirkliches Vorbild nimmt und daran glaubt, dass es Wirklichkeit ist und dass so was wie Gang Bang oder ›ein flotter Dreier‹ zum Alltag gehört. Sind es nur Jugendliche, die in der ›Generation Internet‹ leben und auf all solche Dinge Zugriff haben, oder sind es noch mehr? Ande-*

rerseits gehören Pornos mittlerweile schon zum Alltag. Ich glaube, in meinem Freundeskreis gibt es keinen, der nicht schon einmal Pornos geguckt hat. Gesprächsthema ist das meist auf Lan-Parties, denn da sind wir Jungs unter uns, ohne Freundinnen. Und dann werden häufig einfach Pornos angemacht, und meistens redet man dann darüber, wie man die Darsteller findet oder was lustig an diesem Porno war.«

Mädchen finden vor allem »harte Pornos« häufig ekelig, vielen ist die oft krasse Darstellung von Sex unangenehm oder peinlich. Oft befürchten Mädchen auch, mit den Porno-Darstellerinnen, die immer bereit sind, immer wollen, immer können und jeden auch noch so dämlichen Typen geil finden, verglichen zu werden. Oder sie fühlen sich ob der präsentierten Dauerlust unter Druck gesetzt.

Greta, 18 »Also, ich habe mit Pornos nichts zu tun und brauche sie auch nicht. Ich finde es aber okay, wenn Jugendliche oder auch Erwachsene Interesse daran haben, sich Pornos anzuschauen und sich daran aufzugeilen. Es ist sowohl ein Jungs-, als auch ein Mädchen-Thema. Aber ich denke, dass Jungs offener darüber sprechen, und deswegen glaubt man vielleicht, dass es eher ein Jungen-Ding ist, auch wenn das so nicht stimmt. Ich könnte mir vorstellen, dass manche Mädchen, wenn sie wüssten, dass ihr Freund Pornos schaut, Angst hätten, er würde sich davon inspirieren lassen.«

Andere Mädchen stehen Pornos offen gegenüber:

Daria, 16 »*Mädchen gucken genauso gerne Pornos wie Jungen. Nur sagen sie es nicht in der Öffentlichkeit, weil sie nicht damit prahlen wollen. Mädchen gucken Pornos gleichermaßen zur Belustigung und zur Inspiration.*«

Tatsache ist, Pornos haben immer etwas Erniedrigendes, vor allem auch für die Porno-Darstellerinnen und -Darsteller selbst, von denen viele einmal Opfer sexueller Gewalt waren.

Mit realer Sexualität haben Pornos eigentlich gar nichts zu tun. Das Ganze ist komplett inszeniert und findet vor einem Haufen Kameraleute, Beleuchter, Tontechniker und Regisseure, statt, die immer dabei sind und Anweisungen geben. Letztlich steht eine ganze Industrie dahinter, die völlig emotionslos den »Markt« im Sinn hat, also die Käufer, die sich an den Produkten erfreuen und vor allem Geld einbringen.

Mädchen fällt es oft schwer, Pornos ganz neutral als Mittel zur Stimulation und Erregung zu betrachten. Wenn Frauen Pornos konsumieren, dann sind es häufig die sogenannten »Soft-Pornos«, in denen zum Beispiel die Geschlechtsteile nicht so direkt gezeigt werden und der Phantasie mehr Spielraum gelassen wird.

Wie auch immer du Pornos für dich ganz persönlich bewertest: Wichtig ist, dass du dich nicht gegen deinen Willen dazu bringen lässt, Pornos anzugucken, und dass du weißt, was es mit ihnen auf sich hat: Mit Liebe und gleichberechtigter Sexualität hat die Sache nichts zu tun.

Was du und dein Partner oder deine Partnerin schön finden,

könnt ihr nur selbst herausfinden. Manches ist sicher ungewohnt und fremd, manches empfindest du vielleicht auch als
unangenehm, dann gibt es keinen Grund, es zu machen. Sex zu
haben, ist das gegenseitige Einverständnis, sich körperlich zu
begegnen, körperlich und seelisch schöne Erlebnisse zu haben,
mit dem anderen etwas sehr Intimes zu teilen. Nichts, aber
auch gar nichts, ist beim Sex ein »Muss«.

Pariser und Pillen

Was soll eigentlich verhütet werden?

»Komm mir bloß nicht mit 'nem Kind nach Hause« ist ein Spruch, den manche Eltern ihren Töchtern mit auf den Weg geben. Als ob man morgens mit der Schultasche aus dem Haus ginge und abends mit einem Baby auf dem Arm zurückkäme. In den meisten Fällen hatten die Eltern mit Sicherheit kein Kondom in der Butterbrotsdose platziert und auch keine Wegbeschreibung zur Frauenärztin zwischen die Schulhefte geklemmt. Auch das wäre wahrscheinlich nicht so gut angekommen, aber ob sie tatsächlich geglaubt haben, dass sich mit einem markigen Spruch eine Schwangerschaft verhindern lässt? Der funktioniert genau so lange, wie du noch keinen Sex hast. Sobald du aber mit deinem Freund ins Bett gehst, brauchst du etwas anderes als gute Ratschläge. Verhütung ist angesagt.

Eins ist klar, mit Verhütung ist in erster Linie Empfängnisverhütung gemeint. Spätestens aber seit Aids ist es genauso wichtig, sich vor tödlichen Geschlechtskrankheiten zu schützen.

Verhüten durch Verhindern

Bevor es so viele Verhütungsmittel gab wie heute, wurde häufig die Methode des »Coitus interruptus« angewandt. Das heißt, der Mann zieht seinen Penis aus der Scheide der Frau heraus, wenn er merkt, dass der Samenerguss kommt. Diese Methode ist sehr, sehr unsicher und nicht zu empfehlen. Nicht nur, weil es einer ziemlichen Reaktionsschnelle und Verlässlichkeit des Jungen bedarf, sondern auch weil schon der »Glückstropfen«, der vor dem Samen unbemerkt aus dem Penis tritt, bereits einzelne Samenzellen enthält.

In einigen afrikanischen Stämmen legen sich die Frauen nach dem Sex auf die Seite und schütteln sich, um so den Samen wieder aus der Scheide zu manövrieren. Das ist aber auch keine sichere Methode, genauso wenig wie Sitzbäder, die Frauen früher in Europa machten.

Kondome

Das am offensten angepriesene und am leichtesten erhältliche Verhütungsmittel ist das Kondom, auch Pariser oder Präservativ, Verhüterli oder einfach Gummi genannt. »Pariser« übrigens, weil Kondome früher aus Paris geliefert wurden.

Es ist eine ganz dünne Latex-Hülle, die den Samen auffängt, bevor er in die Scheide gelangen kann.

Kondome gibt es an jeder Ecke im Automaten, in Supermärkten, Drogerien, auf Autobahnraststätten und Restaurant-Toiletten. Sie sind das preiswerteste Verhütungsmittel. Und da du sie überall bekommen kannst, ist die Hürde und auch die Scham, sich welche zuzulegen, nicht mehr so groß, wie früher einmal.

Eva, 19 *»Ich sammle Kondome. Zuerst hatte ich die in einer kleinen Dose, dann habe ich sie in einen Bilderrahmen gesteckt.«*

Gefühlstöter oder Lustverlängerer

Kondome gibt es schon sehr, sehr lange. Allerdings waren sie früher nicht so komfortabel.

Mitte des 17. Jahrhunderts wurden die ersten Kondome aus den Blinddärmen von Schafen hergestellt. Die Marquise de Sevigne schrieb 1671 ihrer Tochter, das Kondom sei »ein Bollwerk gegen die Lust, aber nur ein Spinnweb gegen die Gefahr«. Mit »Gefahr« meinte sie wohl die Geschlechtskrankheit Syphillis.

Im 19. Jahrhundert dann gab es die ersten Kondome aus Kautschuk, seit den dreißiger Jahren des 20. Jahrhunderts gibt es die ganz dünnen Gummis aus Latex.

Heute kannst du Kondome in allen möglichen Farben, Oberflächen und Aromen bekommen, mit Noppen, Rillen und Herzchen, nach Banane, Aprikose oder Schokolade schmeckend.

Dass Kondome ein »Bollwerk gegen die Lust«, sprich der absolute »Lustkiller«, sein können, das finden auch heute noch manche Leute. Denn schließlich funkt das Kondom gerade dann dazwischen, wenn man sich seinem Partner oder seiner Partnerin ganz nah fühlt. Stell dir vor, ihr seid beide »heiß« und völlig aufgeregt, wie Liebe und Sex sich anfühlen. Vielleicht seid ihr euch noch nicht so vertraut und wollt jetzt nicht groß über Verhütung sprechen, um die schöne Atmosphäre nicht kaputtzumachen und auch die Erregung nicht zu unterbrechen. – Wie soll das mit dem Kondom da gehen?

Es stimmt, manchmal ist die Handhabung von Kondomen einfach abtörnend, gerade wenn man noch ungeübt ist. Trotzdem, ein Kondom muss sein. Wenn ihr euch noch nicht gut und lange kennt, ist es schon wegen der Verhütung sexuell übertragbarer Krankheiten notwendig, auch wenn du zusätzlich noch ein anderes Verhütungsmittel benutzt. Zum Trost: Im Vergleich zu den Zeiten der Marquise de Sevigne sind Kondome viel »gefühlsechter« geworden. Mit ein bisschen Übung und vier Händen kann es sogar Spaß machen, sie zu benutzen, manche empfinden sie dann sogar als »Lustverlängerer«. Und wenn du dir überlegst, dass du riskierst, ungewollt schwanger zu werden oder dir eine Geschlechtskrankheit einzufangen, dann steht ein solcher »Katastrophenfall« in keinem Verhältnis zu dem kleinen Moment ohne Irritation, sprich ohne Kondom.

Üben kannst du, vielleicht mit Freund oder Freundin, vorher schon »trocken«. Schnapp dir dafür eine Banane, eine Kerze oder einen Besenstil sowie ein paar Kondome und zieh mal eins drüber. Dazu musst du erst vorsichtig die Verpackung aufreißen und dabei darauf achten, dass das Kondom nicht beschädigt wird. An seinem oberen Ende siehst du einen kleinen Zipfel, das ist der Hohlraum für das Sperma. Diese Spitze drückst du vor dem Überstreifen kurz zusammen, damit die Luft rausgeht. So ist Platz für den Samen und das Kondom kann nicht reißen. Jetzt setzt du das Kondom so auf die Banane, dass die Rolle außen ist und du das Kondom an der Banane entlang abrollen kannst. Roll es so weit nach unten, bis es nicht mehr geht. Wenn es wieder abrutscht oder du es versehentlich falsch herum aufgesetzt hast, musst du im »Ernstfall« ein neues nehmen, denn es könnten schon Samenfäden drangekommen sein.

Natürlich ist das Üben mit Banane nicht gleichzusetzen mit der echten Situation, in der die ganze Aufregung und vor allem die Erregung hinzukommen. Aber es ist eine gute Möglichkeit, den Mechanismus kennenzulernen.

Wer dann im Ernstfall das Kondom über den Penis zieht, ob du oder dein Partner, das ist Verhandlungssache oder es ergibt sich aus der Situation. Vielleicht macht ihr es auch gemeinsam.

Eva, 19 »*Das war total lustig, mit den Kondomen rum-zumachen. Wir haben bestimmt acht Kondome ver-braucht. Das ging so: ›Meinste, der ist dicht?‹ – ›Och, ich weiß nicht, lass uns lieber 'nen anderen nehmen.‹ Einmal hatte ich Angst, schwanger zu sein. Da hatten wir mit Kondom geschlafen, und als wir aufgehört haben, ist es abgerutscht.*«

Wichtig nach dem Sex: Nicht warten, bis der Penis wieder weich geworden ist. Damit nicht nachträglich noch Samen aus dem Kondom herauslaufen kann, muss er möglichst noch in steifem Zustand wieder aus der Scheide heraus. Und dabei ist es nötig, dass einer von euch das Kondom festhält. – Auch das hört sich erst mal etwas sperrig und unromantisch an. Ist aber wichtig und ebenfalls eine Sache der Übung.

Das Tolle an Kondomen ist, dass sie bei richtiger Anwen-dung relativ sicher sind und keine Nebenwirkungen haben. Außerdem trägt dabei auch der Junge eine Mitverantwortung und das ist – vorausgesetzt, er nimmt sie an – eine gute Sache. Allerdings müsst ihr beim Kauf darauf achten, dass die Kondo-me eine samentötende Beschichtung haben, unbeschädigt sind und das Haltbarkeitsdatum nicht überschritten ist. Das heißt auch: Eine Lagerung im Portemonnaie, wo sie stark gequetscht werden, ist nicht wirklich geeignet. Dann doch lieber in der Hand-, Schul- oder Jackentasche bei sich tragen. Ebenso wenig sollten Kondome zu heiß werden oder mit fett- und ölhaltigen Mitteln in Berührung kommen. Geprüfte Markenfabrikate er-kennst du an der »CE«-Kennzeichnung inklusive einer Num-mer der zugelassenen Prüfstelle. Und noch ein Tipp: Falls einer von euch beiden eine Latex-Allergie hat, gibt es in Apotheken auch latexfreie Kondome.

Die Pille

»Die Pille«, das ist sozusagen das Zauberwort für die Anti-Baby-Pille. Ihre Erfindung in den fünfziger Jahren war so etwas wie eine Revolution, eine Befreiung für die Frauen, die nun mit Hilfe eines hormonellen Mittels unabhängig vom Partner verhüten konnten.

Als »Eltern« der Pille gelten zwei Frauen und ein Mann: Margaret Sanger, Katherine McCormick und Dr. Gregory Pincus. Letzterer startete bereits 1951 eine groß angelegte Studie über die hormonelle Verhütung.

Die ersten Pillen, die auf Puerto Rico, der kleinsten Insel der Großen Antillen in Mittelamerika, erprobt wurden, enthielten noch sehr hohe Hormondosen. Doch der Anfang war gemacht. Im weiteren Verlauf der Medikamentenentwicklung wurde die Hormonkonzentration stark verringert und 1961 kam die erste Pille in Deutschland auf den Markt.

Die Geschichte der Pille begann eigentlich schon im Jahr 1939. Damals entdeckte der amerikanische Chemiker Dr. Russel E. Marker, dass die mexikanischen Indianerfrauen auf natürliche Weise Verhütung betrieben, indem sie Jamswurzeln kauten. Jamsknollen enthalten einen Hormon-Vorläufer namens »Diosgenin«. Auch heute noch liefert die Natur den Rohstoff für einige Pillenarten.

Die Pille gibt es nicht an jeder Ecke im Automaten zu kaufen, sondern du musst zur Frauenärztin oder zum Frauenarzt gehen und sie dir verschreiben lassen. Das hat damit zu tun, dass die Pille auch Nebenwirkungen verursachen kann, wie zum Beispiel Übelkeit, Kopfschmerzen, Spannen in der Brust, Gewichtszunahme, Sehstörungen oder Lustlosigkeit. Bei Raucherinnen besteht die Gefahr, eine Thrombose zu bekommen. Das heißt, es können sich Blutgerinnsel bilden und eine gefährliche Gefäßverstopfung verursachen. – Also besser nicht Pille und Rauchen kombinieren.

Es gibt ganz viele verschiedene Nebenwirkungen, von denen die meisten nur selten tatsächlich auftreten. Manche Nebenwirkungen sind sogar positiv. So haben einige Pillen einen pickelhemmenden Effekt (sog. »Hautpillen«), und manche erleichtern Mädchen, die sehr von Regelschmerzen geplagt sind, die extremen Schmerzen. In jedem Fall muss der Frauenarzt genau prüfen, welche Pille du am besten verträgst. Zudem solltest du einiges über ihre Anwendung wissen.

Die Wirkung der Pille

Die Pille enthält meist eine Kombination aus zwei künstlich hergestellten weiblichen Hormonen: Dem Östrogen und dem Gelbkörperhormon Gestagen.

Zum einen gibt es die klassische Anti-Baby-Pille, auch »Mikropille« genannt, und die wirkt auf dreifache Weise: Erstens verhindern die künstlichen Hormone, dass Eizellen reifen und dann springen können. Zweitens machen sie den Schleimpfropfen vor dem Muttermund so undurchlässig, dass die

Samenzellen des Jungen keine Chance haben, bis zur Gebärmutter vorzudringen. Und drittens wird – falls das beides versagen sollte – die Einnistung des Eis verhindert, indem die Gebärmutterschleimhaut sich gar nicht richtig aufbaut. Frauenärzte verschreiben jungen Mädchen meist eine solche Mikropille, weil sie nur niedrige Hormonmengen enthält.

Etwas anders ist es mit der »Minipille«. Sie enthält nur das Gelbkörperhormon Gestagen und funktioniert aufgrund ihres Einflusses auf den Schleim des Gebärmutterpfropfens und der Hemmung der Einnistung des Eis. Lateinisch heißt diese Funktionsweise »Nidationshemmung«.

Die Anwendung

Pillen unterscheiden sich nicht nur in ihrer Zusammensetzung, sondern auch durch die Art der Einnahme.

Als einfachste und sicherste gilt die sogenannte »Einphasenpille«. Sie wird 21 Tage lang eingenommen und dann 7 Tage lang nicht. In dieser pillenfreien Zeit setzt dann die Regelblutung ein. Es gibt auch Packungen, in denen sich 28 Pillen befinden, wobei die letzten 6 oder 7 Placebos sind, also keine Hormone enthalten. Das ist so gemacht, damit man nicht aus dem Rhythmus kommt.

Eine andere Sorte sind die »Mehrstufenpillen«. Da ist es wichtig, genau die Reihenfolge zu beachten, weil hier die Hormondosen von Einnahmetag zu Einnahmetag unterschiedlich sind.

Grundsätzlich sollte die Pille immer mehr oder weniger zum selben Zeitpunkt eingenommen werden. Also brauchst du einen festen Platz, wo sie liegt, etwa neben der Zahnbürste, oder, wenn du sie lieber vor deinen Familienangehörigen versteckst, vielleicht in deiner Nachttischschublade. Auf jeden Fall so platzieren, dass du täglich daran erinnert wirst. Vergessen ist kein Problem, solange du in den nächsten 12 Stunden wieder daran denkst und die Einnahme innerhalb dieser Zeitspanne nachholst. Wenn dir aber erst am nächsten Abend einfällt: »Oh, da war doch was …«, dann hat die Pille bereits ihre empfängnis-hemmende Wirkung verloren und ihr müsst auf jeden Fall zusätzlich noch anders verhüten.

Die Sicherheit

Der »Pearl-Index« (nach dem amerikanischen Biologen Raymond Pearl) ist ein Verzeichnis, in dem die Sicherheit von verschiedenen Verhütungsmitteln aufgelistet ist. Darin kann man nachschauen, wie viele von 100 Frauen trotz der Anwendung eines bestimmten Verhütungsmittels in einem Jahr schwanger werden. Das ist aber nur eine ganz grobe Orientierung und die Anwendungsfehler sind hier natürlich nicht erfasst.

Dieser Pearl-Index liegt bei der Mikropille zwischen 0,1 und 0,9 Prozent. Statistisch gesehen ist sie also sehr sicher. Du musst aber wissen, dass die Pille in bestimmten Situationen ihre Wirkung verliert. Etwa bei Erbrechen und Durchfall oder bei Vergessen. Auch wenn sie dann nicht mehr wirkt, muss der Rest der Packung dennoch weiter eingenommen werden, da der ganze Zyklus sozusagen »künstlich eingestellt« ist und er sonst komplett durcheinanderkäme.

Deine Entscheidung

Mit der Pille kann es am Anfang sein wie mit der ersten Menstruation. Wenn man sie nimmt, gehört man dazu, zum Club der verhütenden, selbstständigen, erwachsenen jungen Frauen. Und sie hat auch tatsächlich viele Vorteile im Umgang, nicht umsonst ist die Pille in Deutschland das am häufigsten angewendete Verhütungsmittel. Sie macht dich unabhängig, vor allem in Situationen, in denen du es nicht schaffst, über Verhütung zu sprechen und der Junge es auch nicht tut. Aber: Der Schutz vor Geschlechtskrankheiten, den Kondome bieten, fehlt natürlich. Die Pille ersetzt kein Kondom.

Wichtig ist: Die Pille zu nehmen, ist absolut deine Entscheidung. Falls deine Mutter oder dein Freund die fixe Idee haben, dass du unbedingt die Pille bräuchtest, weil sie meinen, in deinem Alter wäre das grundsätzlich wichtig oder besser, lass dir nichts einreden. Vielleicht bist du von dem Gedanken an Sex noch meilenweit entfernt, und dann ist es auch unsinnig, jeden Tag Hormone zu schlucken. Einzig und allein entscheidend ist dein Wunsch.

Geld

Bis zur Volljährigkeit übernimmt die gesetzliche Krankenkasse die Kosten für die Pille komplett. Von deinem achtzehnten bis zum zwanzigsten Lebensjahr musst du die Rezeptgebühr bezahlen. Danach musst du je nach Kasse und Pille entweder etwas zuzahlen oder aber die vollständigen Kosten selbst tragen. Eine faire Sache ist es, wenn du und dein Freund euch die Kosten für die Verhütung teilt. Das ist dann auch ein schönes Zeichen für die gemeinsame Verantwortung.

Was es noch gibt

Pille und Kondom sind für Jugendliche die sichersten Verhütungsmethoden. Ein Grund ist, dass deine Periode am Anfang noch nicht so regelmäßig und planbar kommt, ein anderer, dass die beiden Methoden am besten verträglich sind und noch am wenigsten zu »fummeln« und zu rechnen ist.

Kleiner Schönheitsfehler: Die Pille gibt es bislang nur für das weibliche Geschlecht. Aber da besteht Hoffnung. Es laufen viele Versuchsreihen auf der ganzen Welt, in denen Pillen, Hormonimplantate und Spritzen für Männer getestet werden. Bislang sind die Nebenwirkungen noch so immens, dass keines dieser Mittel den Weg auf den Markt gefunden hat. Man darf aber zuversichtlich sein, dass nicht nur die Mediziner, die daran arbeiten, Erfolg haben werden, sondern auch die Manager der Pharma-Industrie erkannt haben, dass es schon viele Mädchen und Frauen gibt, die nur darauf warten, ihrem Freund ein Überraschungspäckchen, mit Schleife umwickelt, zu überreichen. Darüber freuen würden sich sicher nicht wenige Jungs und Männer. Etliche würden sich sicher gern selbst um die Verhütung kümmern, können aber außer Kondomen nichts anbieten.

Für Mädchen und Frauen hingegen gibt es noch einige andere Verhütungsmethoden, die du auf jeden Fall kennen solltest, falls du zum Beispiel die Pille nicht verträgst oder nicht nehmen möchtest, weil dich das tägliche Pilleschlucken zu sehr an Krankheit erinnert oder du einfach ein vergesslicher Mensch bist.

Die Temperatur-Mess-Methode

Wenn du eher zur vergesslichen Spezies gehörst, ist diese Methode noch weniger für dich geeignet als die Pille. Hast du aber Spaß daran, deinen Körper genauer kennenzulernen, und macht es dir nichts aus, jeden Morgen zur gleichen Zeit Fieber zu messen, könntest du diese Methode ausprobieren. Alleine für sich reicht sie jedoch gerade bei jungen Mädchen nicht aus, sie ist einfach zu unsicher. Zum einen, weil deine Regel eben noch keine ist, d. h. nicht so regelmäßig kommt, zum andern, weil das Ganze sehr viel Disziplin erfordert. Es gibt auch Verhütungscomputer, mit deren Hilfe die fruchtbaren Tage ermittelt werden können, und zwar entweder durch Messen der Temperatur oder durch Analyse des Urins bzw. des Schleims am Gebärmutterhals. Aber auch deren Sicherheit ist gerade bei jungen Mädchen nicht sehr hoch.

Diaphragma, Portiokappe, Femidom

Diaphragma, Portiokappe und Femidom sind sozusagen die »Verhüterli« für die Frau.

Das Diaphragma ist eine dicke Gummihaut mit einem biegsamen Ring drum herum. Dieses Verhütungsmittel kann bis zu zwei Stunden vor dem Sex, aber auch erst eine Minute vorher eingesetzt werden. Es wird mit einer samenabtötenden

Creme bestrichen und dann in die Scheide eingeführt. Der Ring setzt sich wie ein Schrankenwärter vor den Muttermund und lässt keine Samen durch. Acht Stunden nach dem Sex kannst du ihn wieder entfernen. Da heißt es auch Üben und Fummeln und Planen. Das Gute daran: Das Diaphragma hat keine Nebenwirkungen. Welche Größe du brauchst, misst dir dein Frauenarzt aus.

Ganz ähnlich funktioniert die Portiokappe, die du rezeptfrei in der Apotheke bekommst. Sie hat zwar eine Einheitsgröße, sollte vorsichtshalber aber dennoch vom Frauenarzt überprüft werden.

Das Femidom, auch »Vaginalring« genannt, ist ein biegsamer Kunststoffring, den du dir ebenfalls in die Scheide einführst, ähnlich wie einen Tampon. Er bleibt allerdings drei Wochen drin und wird dann für eine Woche herausgenommen. Nach deiner Periode setzt du ihn wieder ein. Er wirkt ähnlich wie die Pille, nur musst du nicht jeden Tag dran denken, dafür ist er aber wieder teurer.

Zäpfchen und Salben

Zäpfchen und Salben sind chemische Mittel, die etwa zehn Minuten vor dem Sex in die Scheide eingeführt werden. Da sie eine hohe Fehlerquote haben, muss der Junge aber unbedingt zusätzlich ein Kondom benutzen, selbst wenn ihr euch schon länger kennt und jeder vom anderen weiß, dass er keine ansteckende Krankheit hat. Der »Stopp« zwischen Erregung und Vereinigung dauert hier noch länger und außerdem schäumt die Sache ziemlich und riecht nach Chemie. Also eher als zusätzliches Mittel zu verwenden, wenn man Kondome benutzt und ein bisschen experimentieren möchte.

Spirale

Spiralen gibt es zwei verschiedene. Die eine ist aus Kupfer und die andere, die sogenannte »Hormonspirale«, aus Kunststoff. Warum die Spirale »Spirale« heißt, obwohl sie aussieht wie der Buchstabe »T« mit geschwungenen, leicht runterhängenden Bügeln? Das rührt wohl von dem dünnen Draht her, der um die Kupferspirale gewickelt ist.

Beide Spiralarten werden vom Frauenarzt in die Scheide eingesetzt und können dort drei bis fünf Jahre bleiben. Die Kupferspirale gibt ganz kleine Mengen Kupfer an den Körper ab, die die Samenzellen in ihrer Beweglichkeit hemmen. Die Hormonspirale sendet das Hormon Gestagen aus, das es ebenfalls auf die Spermien abgesehen hat und ihr Aufsteigen verhindert. Bei manchen Frauen bleibt dadurch die Periode aus.

Beide Spiralen können Nebenwirkungen haben, u. a. Eileiterentzündungen mit der Gefahr der Unfruchtbarkeit, weshalb sie bei jungen Mädchen eigentlich nie angewandt werden. Sie gelten als relativ sicher und sind relativ teuer.

Verhütungspflaster

Es gibt spezielle Hormonpflaster, die auf Oberarm, Oberschenkel, Po oder Bauch geklebt werden und die dann gleichmäßig empfängnisverhütende Hormone an deinen Körper abgeben.

Sie werden 21 Tage lang getragen und alle 7 Tage ausgetauscht. Die vierte Woche, in der du deine Periode bekommst, ist »pflasterfrei«. Diese Methode ist relativ sicher, u. a. weil sie bei Krankheiten wie Erbrechen oder Durchfall ihre Wirkung nicht verliert. Sie ist aber absolut nichts für Raucherinnen und teurer als Kondom oder Pille.

Implantate

Eine weitere Verhütungsmöglichkeit sind Kunststoffstäbchen, die Frauen sich an der Innenseite des Oberarms unter die Haut setzen lassen können. Sie wirken auf Hormonbasis ca. 3 Jahre lang, werden aber für junge Mädchen selten empfohlen, da sie erhebliche Nebenwirkungen haben und auch recht teuer sind. – Also mehr Nachteile als Vorteile.

Notbremse

Es ist passiert. Du hast mit einem Jungen geschlafen und nicht verhütet, das Kondom ist gerissen, oder dir ist eingefallen, du hast die Pille vergessen. Auf jeden Fall bist du in Sorge, schwanger zu sein.

Es gibt jetzt mehrere Möglichkeiten, mit dieser Sorge umzugehen: Du kannst dir das Gehirn zermartern, einen Schnellkurs in Wahrscheinlichkeitsrechnung belegen und kalkulieren, wie hoch die Wahrscheinlichkeit, schwanger zu sein, ist. Du kannst dich verkriechen, heiß baden oder dich schütteln in der Hoffnung, der Samen deines Partners käme brav und wohlgeordnet wieder aus deiner Scheide herausgeschwommen. Du kannst dir diese wenig aussichtsreichen Manöver, schlaflose Nächte, Magenkrämpfe und Kopfzerbrechen aber auch ersparen, indem du direkt zum Frauenarzt oder zur nächsten profamilia-Stelle gehst und deine Lage dort besprichst. Mach dir keine Gedanken, dass du dort schief angeguckt oder moralisch abgewertet wirst. Erstens bist du nicht die Einzige, die mit dieser Sorge dort Rat sucht. Es gibt tausend andere, die Ärzte kennen diese Problematik also nur zu gut. Zweitens haben Ärzte Schweigepflicht. So kannst du dort mit einer Fachkraft in Ruhe deine Situation erörtern und gegebenenfalls direkt Hilfe bekommen.

Die »Pille danach«

Innerhalb der ersten 72 Stunden nach ungeschütztem Geschlechtsverkehr gibt es den Ausweg, die sogenannte »Pille danach« einzunehmen. Das ist ein echter »Hormonhammer«, der manchmal mit Schmerzen im Unterleib, Kopfschmerzen, Übelkeit und anderen Nebenwirkungen einhergeht. Es handelt sich dabei also keinesfalls um ein gängiges Verhütungsmittel, sondern um ein Medikament, das wirklich nur im äußersten Notfall verwendet werden sollte. Dennoch: Es ist eine Möglichkeit, die in einer kritischen Situation auf jeden Fall hilfreich sein kann.

Die »Pille danach« ist verschreibungspflichtig und muss wie gesagt zeitnah eingenommen werden. Wenn gerade Wochenende ist, kannst du über den ärztlichen Notdienst herausfinden, welche gynäkologische Abteilung Bereitschaftsdienst hat.

Schwanger?

Die Panik, schwanger zu sein, überfällt manche Mädchen direkt nach dem ungeschützten Sex, andere vielleicht erst, wenn sie ihre Blutung sechs Wochen lang nicht bekommen haben. Wieder andere entdecken bei sich Anzeichen wie Übelkeit, Bauch- oder Rückenschmerzen oder Ziehen in der Brust und wundern sich, was mit ihrem Körper los ist.

Wenn du irgendwann anfängst, dir den Kopf zu zerbrechen, klär die Sache so bald wie möglich ab, sonst verschwendest du nur unnötig Gehirnschmalz. Möchtest du gleich fachlichen Rat, kannst du dir Hilfe beim Frauenarzt oder bei einer Beratungsstelle holen. Die pro familia hat wöchentlich »offene Sprechstunden«, zu denen man keinen Termin braucht und die kostenfrei sind. Frauenärzte können schon neun Tage nach dem ungeschützten Sex mithilfe einer Blutuntersuchung eine Schwangerschaft feststellen, ab der sechsten Schwangerschaftswoche mithilfe einer Ultraschalluntersuchung.

Willst du die Situation lieber erst mal für dich allein klären, kannst du auch einen Schwangerschaftstest zu Hause machen. Solche selbst durchzuführende Tests gibt es in der Apotheke, in Drogerien und Kaufhäusern. Sie können vierzehn Tage nach der möglichen Befruchtung, also zwei Tage nach dem Ausbleiben der Periode, angewandt werden. Hier hält man einen Teststreifen in den Urinstrahl und wartet, wie er sich verfärbt. Die Sicherheit der Aussage beträgt bei richtiger Anwendung ungefähr 95 Prozent. Sollte das Ergebnis positiv sein, dann lass die Schwangerschaft auf jeden Fall zusätzlich von einem Frauenarzt bestätigen.

Bereits im Alten Ägypten versuchte man, mithilfe von Urinproben eine eventuelle Schwangerschaft nachzuweisen. Das geschah, indem Urin einer möglichen Schwangeren über Getreidekörner gegossen wurde. Das Ergebnis hatte man nicht direkt. Man musste warten, ob die Körner austrieben. Wenn sie das taten, galt dies als Zeichen für eine Schwangerschaft.

Auch Frösche wurden schon als Schwangerschaftstester zu Rate gezogen. Bis in die sechziger Jahre des zwanzigsten Jahrhunderts wurde afrikanischen Krallenfröschen das Urin einer Schwangeren gespritzt. Fingen sie daraufhin an zu laichen, galt das als sicherer Beweis für die Schwangerschaft.

Schwanger!

Schwanger. Wenn der Test tatsächlich dieses Resultat ergeben sollte, ist es spätestens jetzt an der Zeit, sich Hilfe und Beratung zu holen. Ganz automatisch ist dann das Gehirn auf Turbo-Rotation eingestellt und die Fragen und Gedanken überschlagen sich: »Was jetzt?«, »Was sagen meine Eltern?«, »Wie wäre es, eine eigene Familie zu haben?«, »Sollen es rosa oder blaue Strampler werden?«, »Was ist dann mit der Schule?«, »Gibt es Ärger?«, »Verlässt mich mein Freund?«

Um diese Gedanken samt des dazugehörigen Gefühlschaos von Angst, Trauer, Wut, Freude und Hilflosigkeit zu ordnen und gut zu überlegen, was zu tun ist, hol dir professionellen Beistand. Auch dein Freund, deine beste Freundin, die Eltern, vielleicht die Lieblingstante sollten davon erfahren. Auf jeden

Fall aber zuerst diejenigen, die nicht gleich in Ohnmacht fallen und Druck machen.

Die Entscheidung

Wenn du schwanger bist, ist Beratung und Unterstützung durch erwachsene Personen sehr, sehr wichtig. Natürlich nicht, um die Farbe der Strampelhosen abzuklären, sondern um alle Argumente für und gegen ein Kind abzuwägen und Sicherheit in deiner Entscheidung zu bekommen. Der letztendliche Entschluss, ob das Kind zur Welt kommen soll oder nicht, liegt aber ganz klar bei dir, dem schwangeren Mädchen.

Meist ist die Entscheidung alles andere als leicht. Es geht im Kopf und im Herzen immer hin und her, an einem Tag bist du dir sicher, am andern ist wieder alles völlig unklar. Aber nach sorgfältiger Beleuchtung aller Argumente wird die eine oder andere Seite überwiegen und so zumindest die Entscheidung erleichtern.

Diese Zeit der Entscheidungsfindung ist oft sehr schwierig und anstrengend. Definitiv abgeschlossen sollte sie bis zur zwölften Schwangerschaftswoche nach der Empfängnis sein, denn das ist der späteste Zeitpunkt für einen Abbruch.

Bis dahin ist ein Schwangerschaftsabbruch unter bestimmten Voraussetzungen möglich:

1. Es muss eine Beratung in einer anerkannten Beratungsstelle stattgefunden haben.

2. Nach der Beratung müssen mindestens drei Tage verstrichen sein.

3. Der Eingriff muss von einem Arzt oder einer Ärztin durchgeführt werden, die nicht selber beraten haben oder der Beratungsstelle angehören.

4. Der Abbruch darf selbstverständlich nur auf direkten Wunsch des schwangeren Mädchens bzw. der schwangeren Frau stattfinden.

Bei minderjährigen Mädchen ist es notwendig, dass die Eltern bzw. Erziehungsberechtigten einwilligen, und es ist natürlich auch wünschenswert, dass deine Eltern dir bei diesem schweren Schritt beistehen. Wenn da gar keine Chance besteht, gibt es aber auch Ausnahmeregelungen.

Die Kosten für den Schwangerschaftsabbruch muss man in der Regel selbst tragen. In bestimmten Situationen jedoch, zum Beispiel bei geringem Einkommen, werden sie erstattet. Die Krankenkasse kümmert sich dann um die Kostenabwicklung.

Wie du letztendlich entscheiden würdest, angenommen, du würdest als junges Mädchen schwanger, kannst du heute wahrscheinlich noch gar nicht sagen. Manche Mädchen heiraten jung und bei manchen funktioniert so eine Ehe, bei anderen führt sie eher in ein Desaster, weil die Zukunftspläne zu verschieden sind oder aber beide Elternteile schlicht überfordert sind mit der großen Aufgabe und Verantwortung.

Wenn ein Mädchen es nicht über sich bringt ihr Kind abzutreiben, sich aber allein auch nicht zutraut, das Kind gut zu versorgen, gibt es noch andere Lösungswege: Sie kann beispielsweise das Kind zur Adoption freigeben, eine Tagesmutter finden, um weiter die Schulbank drücken zu können, oder in ein Mutter-Kind-Wohnheim ziehen, ein Haus speziell für junge Mütter mit Kindern, wo sie Unterstützung im Alltag finden.

Die Entscheidung hängt von ganz vielen Faktoren ab: Wie ist die Unterstützung durch Freunde und Familie? Wie von außen? Welche Zukunft siehst du für das Kind und welche für dich? Wie steht dein Freund dazu? Ist eure Beziehung tragfähig? Ganz gleich, wie du dich entscheidest, Beratungsstellen unterstützen und helfen in jedem Fall und begleiten dich, solange du sie brauchst.

Mona, 20 »*Ich glaube, ich war ganz schön zickig beim ersten Gespräch in der Beratungsstelle. Was ging die das überhaupt an? Ich wollte nur wissen, wie das funktioniert mit einem Schwangerschaftsabbruch und hatte keine Lust auf blöde Fragen. Doch die Frau war ganz ruhig und total nett. Es war gut, mit ihr zu reden, weil sie mich zu nichts gedrängt hat und nicht mit so einem moralischen Zeigefinger dasaß. Ich war auch nach dem Abbruch noch zweimal bei ihr.*«

Susanne, 18 »*Ich hab mich damals für das Kind entschieden. Das war echt nicht leicht, weil ich natürlich blöd angeguckt und auch angequatscht wurde. Aber meine Mutter hat mir total geholfen und mein Sohn Simon ist wirklich klasse. Klar ist das Stress, Schule und Pauken und gleichzeitig nachts das Kind füttern. Der Vater geht ja auch noch zur Schule, aber er steht zu unserer Entscheidung und später wollen wir zusammenziehen. Man braucht gute Freundinnen und viel Unterstützung.*«

Frauenärzte und Entenschnäbel

Was ist ein Frauenarzt oder eine Frauenärztin? Und gibt es auch einen Männerarzt? Das wäre ja nur gerecht.

Zur ersten Frage: Ein Frauenarzt ist speziell für den Körper der Frauen zuständig, für die Gesundheit der weiblichen Geschlechtsorgane, für die Krebsvorsorge, für Verhütung und die medizinische Betreuung einer Schwangerschaft.

Zur zweiten Frage: Es gibt keinen Männerarzt. Ja, das ist ein bisschen ungerecht, aber so ist es. Was es gibt, sind Urologen und die sind für die Erkrankungen der Harnwege wie Blase und Niere oder Harnleiter zuständig, aber da können auch Frauen und Kinder hingehen und sich untersuchen lassen. Der Urologe kümmert sich sozusagen »nebenbei« um spezielle Männerkrankheiten. Für Frauenärzte, auch »Gynäkologen« genannt, ist das Befassen mit speziellen Frauenanliegen hingegen der Hauptberuf. Wenn dort ein Mann vorsprechen würde, weil er Beschwerden im Unterleib hat, würde er geradewegs wieder weggeschickt. So ungerecht ist die Welt. Also, falls du aus lauter Gerechtigkeitssinn deinen Freund zum Männerarzt schicken möchtest, damit er auch mal in den Genuss kommt, einen Arzt nur für männliche Belange zu haben, vergiss es.

Es ist eine Tatsache, dass der Körper der Frau, mit seinen Fähigkeiten und Funktionen etwas komplexer ist als der des Mannes. Der Unterschied zwischen männlichem und weiblichem Körper besteht nicht nur darin, dass Frauen einen Busen und eine Vagina haben, während Männer mit Penis und Hoden ausgestattet sind. Zum »Arbeitsfeld« der Frauenärzte gehören auch sämtliche inneren weiblichen Organe wie die Eierstöcke und die Gebärmutter, Fragen zur Periode, zu Schwangerschaften und zur Verhütung. Und damit sind nun einmal Mädchen und Frauen viel mehr befasst als Jungs und Männer. Fast alle Verhütungsmittel, die es gibt, sind für Frauen gemacht, und Frauen sind natürlich diejenigen, die schwanger werden, die Kinder austragen und zur Welt bringen.

Guter Zeitpunkt

Im Unterschied zu anderen Ärzten, zu denen du gehst, wenn du krank bist, ist Krankheit beim Frauenarztbesuch nur einer von vielen Gründen. Nur zehn Prozent der Patientinnen sind krank, alle anderen sind putzmunter und kerngesund. Denn Frauenärzte sind als Experten für den weiblichen Körper gleichzeitig auch Ansprechpartner für deine Fragen: Wenn du unsicher bist, ob es in Ordnung ist, dass du noch keine Periode hast oder dass deine linke Brust größer ist als die rechte, oder umgekehrt, bist du hier richtig, um das zu klären.

Johanna, 15 »*Mit 14 wollte ich gerne mal zu einer Frauenärztin gehen, weil ich endlich jemand Kompetenten fragen wollte, ob mein Busen groß genug ist. Ich habe meinen ganzen Mut zusammengenommen und diese Frage gestellt.*«

Außerdem kommen Frauenärzte ins Spiel, wenn du dir über Verhütung Gedanken machst: Frauenärzte sind der »Hauptumschlagplatz« für verschreibungspflichtige Verhütungsmittel.

Auch wenn du befürchtest, schwanger zu sein, solltest du zum Frauenarzt gehen, er kann eine Schwangerschaft feststellen bzw. ausschließen und natürlich mit dir über alles sprechen.

Brennen und Jucken an/in der Scheide oder beim Pinkeln sind ebenfalls Gründe, warum du einen Frauenarzt aufsuchen solltest; ebenso starker oder stark riechender Ausfluss und das Thema Aids.

Falscher Zeitpunkt

Jana, 13 »Zum Frauenarzt geh ich erst mal nicht. Ich glaub, ich hätte irgendwie ein ungutes Gefühl, wenn mich ein Fremder irgendwo anguckt.«

Absolut kein Grund, zum Frauenarzt zu gehen, ist, weil deine Mutter oder dein Vater dich dazu drängen oder weil dein Freund findet, du solltest dir doch mal die Pille verschreiben lassen. Die einzigen Gründe, die gelten, sind: Du selbst möchtest gehen, sei es, um dich zu informieren, sei es, weil du ein Verhütungsmittel möchtest, oder eben, weil gesundheitlich etwas nicht in Ordnung ist.

Vorsorge

Erst später, wenn du regelmäßig deine Periode hast, solltest du einmal im Jahr zwecks Krebsvorsorge zum Frauenarzt gehen. Die Einnahme der Pille oder das Tragen einer Spirale wird von Frauenärzten zumeist in halbjährlichem Abstand kontrolliert.

Vertrauenssache

Aus dem Telefonbuch lässt sich nicht herauslesen, welche Ärztin oder welcher Arzt wirklich gut ist.

Hinweise, ob eine Ärztin freundlich ist, keine abwertenden Kommentare macht, wenn du mit Ausfluss dort erscheinst oder die Sorge hast, schwanger zu sein, erhältst du eher woanders. Du kannst eine kleine Umfrage bei Freundinnen, Schwester, Mutter, Tante durchführen: Wer ist gut? Wer hat fachlich was drauf? Wem kann man vertrauen?

Wenn du die Sache nicht so gern an die große Glocke hängen möchtest, frag gezielt nur eine Person deines Vertrauens oder wende dich an Beratungsstellen. Frauengesundheitszentren, das Gesundheitsamt der Stadt oder die pro familia findest du im Telefonbuch bzw. in den Gelben Seiten. Sie haben Listen und können gute Frauenärzte empfehlen.

Aber selbst wenn dir deine Freundin die weltbeste Empfehlung gegeben hat, den »Rolls Royce« unter den Frauenärzten sozusagen, ist dein eigener Eindruck auch noch mal wichtig. Guck sie dir selber ganz genau an. Hast du das Gefühl, du bist hier gut aufgehoben und kannst dich ihm oder ihr anvertrauen? Wenn du Zweifel hast, lohnt es sich manchmal, noch zu jemand anderem zu gehen, selbst wenn du dafür einen längeren Fahrweg in Kauf nehmen musst.

Mann oder Frau?

Früher war der Beruf des Gynäkologen oder Frauenarztes eine absolute Männerdomäne; Männer wurden Frauenärzte. Das hat sich sehr verändert. Vielleicht, weil mittlerweile viele der Meinung sind, dass Frauenkörper und -sorgen Frauensache sind. Aber es ist wie mit allen anderen Berufen auch: Es gibt überall gute und schlechte, Männer wie Frauen.

Wenn du eher zu den Mädchen gehörst, die sich absolut nicht vorstellen können, sich halbnackt von einem fremden Mann untersuchen zu lassen, dann such dir auf jeden Fall eine Frauenärztin – und umgekehrt. Über die fachliche Kompetenz und das offene Ohr eines Menschen entscheidet letztlich jedoch nicht das Geschlecht, das der Betreffende hat, sondern in erster Linie sind es Persönlichkeit und Ausbildung, die zählen.

Schweigepflicht

Frauenärzte unterliegen der Schweigepflicht. Das bedeutet, sie dürfen keinem Menschen, auch nicht irgendwelchen neugierigen Müttern oder Vätern, Auskunft über dich geben. Sie dürfen noch nicht einmal sagen, ob du überhaupt bei ihnen in

Behandlung bist, und schon gar nicht, ob du zum Beispiel die Pille bekommst.

Mit anderen Worten: Wenn du auf gar keinen Fall möchtest, dass deine Eltern erfahren, dass du zum Frauenarzt gehst, und sie rufen dort an, dann müssen sich die Frauenärzte eher die Zunge abbeißen, als ihnen darüber etwas sagen zu dürfen. Es geht sogar noch weiter: Wenn du nicht möchtest, dass zu Hause jemand von deinem Arztbesuch erfährt, kannst du mit dem Frauenarzt darüber reden und er (oder sie) kann bei der Krankenkasse eine eigene Versichertenkarte für dich anfordern: Wenn du privat versichert bist, kann der Arzt dir persönlich die Rechnung in die Hand geben.

Es gibt allerdings auch Ausnahmen für die ärztliche Schweigepflicht: Wenn du zum Beispiel eine schwere Krankheit hast oder die Ärzte sich ernste Sorgen um dein Leben machen.

Vor dem Besuch

Zum Frauenarzt oder zur Frauenärztin zu gehen, ist meist nicht mit jener Aufregung verbunden, die du am Abend vor deinem Geburtstag hast. Vielen Mädchen ist, gerade beim ersten Mal, mulmig zumute.

Falls du schon Sprüche gehört hast wie »Lieber zehnmal zum Zahnarzt als einmal zum Frauenarzt« oder auch einfach wenn du dir überlegst, dass du dich dort vor einem fremden Menschen halbnackt, auf einem Stuhl mit ausgebreiteten Beinen liegend, präsentieren sollst, hast du vielleicht schon prickelndere Erlebnisse gehabt. Gedanken, wie das wohl sein wird, machen sich die allermeisten Mädchen und es ist ja auch tatsächlich ungewohnt und neu. Wenn du hingegen zu denen gehörst, die das Ganze eher unbeschwert und locker sehen, umso besser.

Es ist alles halb so wild. Denn eins ist klar: Du musst nicht sofort auf den Stuhl hüpfen, dich nicht sofort ausziehen, und wenn du nicht möchtest, musst du beides gar nicht, es sei denn, es ist aus medizinischen Gründen notwendig.

Außerdem musst du auch nicht alleine gehen. Wenn du jemanden mitnehmen möchtest, eine Freundin, einen Freund, deine Mutter oder Tante, dann mach das.

Hilfreich ist, wenn du dir vorher ein paar Sachen überlegst und sie dir vielleicht sogar aufschreibst:

1. Was führt dich hierher?
2. Wann hattest du das erste Mal deine Tage?
3. Wann hattest du das letzte Mal deine Tage?

Wenn du untersucht werden möchtest, ist es für alle Beteiligten angenehmer, wenn du vorher eine Runde duschst. Auch ein Blick in den Kleiderschrank kann am Anfang ganz hilfreich sein: Wenn du dich auf dem Stuhl nicht ganz so nackt fühlen möchtest, zieh ein längeres T-Shirt oder ein Kleid an, das du während der Untersuchung des Unterleibs anbehalten kannst.

Wenn diese Vorbereitungen getroffen sind, du eventuell deine Freundin oder eine andere Person deines Vertrauens im Schlepptau hast und einen Termin bei der Ärztin deiner Wahl in der Tasche, geht es los: Die Sprechstundenhilfe wird dich nach deiner Versichertenkarte fragen. Wenn du keine hast, weil du zu Hause nichts sagen wolltest, wird sie dich nicht wegschicken. Darüber musst du dann mit der Ärztin noch einmal sprechen.

Im Wartezimmer ist es erst mal wie bei anderen Ärzten auch: du kannst dir aber vielleicht eine Frau mit rundem Babybauch anschauen. Manchmal ist die Atmosphäre etwas ruhiger als beim Hausarzt, so als wäre man etwas zurückhaltender wegen der Intimität der Untersuchung. Jede weiß von jeder, dass sie sich früher oder später auf dem »Stuhl« wiederfinden wird. Also, wie auf dem Markt geht es hier eher nicht zu.

Warten, warten … Dann irgendwann ist es so weit, dein Name wird aufgerufen und ihr oder du könnt ins Sprechzimmer durchgehen. Tisch, Stühle oder Sessel, Schränke, aber noch kein Untersuchungsstuhl in Sicht, puh. Eine gute Ärztin oder ein guter Arzt werden sich etwas Zeit für das Gespräch nehmen, wenn du zum ersten Mal kommst. »Was führt dich zu mir?« – »Ööh …« Je nachdem, was für ein Typ du bist, ob schüchtern oder eher forsch, kann sich deine Zunge schon mal verknoten, wenn du wie beiläufig sagen willst: »Ich möchte gern die Pille« oder »Ich habe einen riechenden Ausfluss.« Uups. Versuch dir klarzumachen: Frauenärzte hören so etwas jeden Tag, das ist ihr Geschäft und dafür sind sie schließlich da. Außerdem können sie dir nicht helfen, wenn du nicht sagst, was dich bewegt und was dein Anliegen ist. Und du kannst in diesem Gespräch ganz gut ausloten, mit was für einem Menschen du es da zu tun hast. Geht er gut mit deinem Anliegen um, sieht er dich offen und aufmerksam an oder verschanzt er sich hinter dem PC-Bildschirm, oder guckt er ständig auf die Uhr und macht den Eindruck, in Gedanken schon bei der nächsten Patientin zu sein? Ist er dir sympathisch oder erinnert er dich unangenehm an deinen Mathelehrer, mit dem du auf Kriegsfuß stehst? Dieselben Fragen kannst du dir natürlich auch bei einer Frau stellen.

Der Stuhl

Früher, im 19. Jahrhundert, vor dem Aufschwung der Gynäkologie, kamen die Frauen vollständig bekleidet zur Untersuchung. In dieser Zeit lag die Frau nicht halbnackt mit ausgebreiteten Beinen vor dem Arzt, sondern der Gynäkologe – damals waren es wie gesagt in der Hauptsache Männer – kniete vor der stehenden Frau im langen Gewand.

Wenn die Ärztin dich untersuchen möchte, weil du Beschwerden hast, und wenn du damit einverstanden bist, geht es ab ins Untersuchungszimmer. Hier wirst du gebeten, dich in einer kleinen Umkleidekabine »unten frei« zu machen, wie es so schön heißt, also Hose und Unterhose auszuziehen. Der Rest bleibt erst mal an. »Oben frei« kommt später extra. Du bist deshalb nie völlig nackt, was für viele Frauen und Mädchen eine echte Erleichterung ist.

Dann geht es auf den sagenumwobenen Stuhl, den du vielleicht schon von Abbildungen oder aus Erzählungen kennst: Eine Art Schreibtischstuhl mit hoher Rückenlehne und statt Armlehnen gibt es links und rechts eine Beinstütze, auf die du dann deine Beine legen kannst. Wenn du diese akrobatische Leistung vollbracht hast – keine Sorge, es ist nicht wirklich kompliziert –, wird die Ärztin auf einem Hocker vor dir Platz nehmen und dich per Knopfdruck noch etwas nach hinten kippen. Wenn dein Schwerpunkt sich auf deinen Rücken verlagert hat, klappt sie unter deinem Po noch einen Teil der Sitzfläche weg, damit sie mehr Bewegungsfreiheit beim Untersuchen hat.

Etwas hilflos kann man sich in dieser Position schon fühlen, wie ein Käfer auf dem Rücken, denn mal eben so hochspringen und abhauen wäre nicht so einfach. Andererseits ist es für einige Untersuchungen die klarste und übersichtlichste Position.

Die Untersuchung

Während der Untersuchung ist neben der Ärztin häufig auch eine Sprechstundenhilfe dabei. Sie macht Notizen und reicht eventuell Instrumente an.

Möglicherweise wird die Ärztin dich auffordern, ganz locker zu lassen und nicht zu verkrampfen. Tatsächlich ist das Lockerlassen in dieser ungewohnten Situation nicht gerade die einfachste Übung. Fläzen auf dem Sofa zu Hause fühlt sich nun mal anders an. Vielleicht hilft es dir, bewusst ein- und auszuatmen.

Zuerst betrachtet die Ärztin den Scheideneingang und die Schamlippen von außen. Dann macht sie die sogenannte »Abstrichuntersuchung«. Das heißt, sie entnimmt etwas Sekret und Zellen aus dem Gebärmutterhalskanal, um diese hinterher unter dem Mikroskop auf Entzündungen hin zu untersuchen.

Aber der Reihe nach: Es gibt ein sehr witzig aussehendes Instrument, das »Spekulum«, zu Deutsch »Scheidenspiegel«.

Das ist trichterförmig und sieht eher aus wie ein Griff mit einem Entenschnabel dran, den man auf- und zumachen kann. Dieses Teil ist aus Metall, und deshalb fühlt es sich sehr viel angenehmer an, wenn es vor der Untersuchung erwärmt wird. Den »Entenschnabel« führt die Frauenärztin in die Scheide ein, und dort öffnet sie ihn etwas, um den Muttermund und den Gebärmutterhals sehen zu können. Dann steckt sie durch das Spekulum ein langes Wattestäbchen und nimmt den Abstrich.

Wenn du jetzt Sorge hast, dass du da liegst und nichts machen kannst und dich dann auch noch jemand piesackt, keine Bange. Das tut normalerweise nicht weh und auch das Jungfernhäutchen wird nicht verletzt. Es gibt ganz kleine Baby-Spekula, und wenn du große Angst hast, kann die Ärztin beim Abstrich den Entenschnabel ganz weglassen, also nur mit einem langen Wattestäbchen in die Scheide gehen.

Tastuntersuchung

Wenn Entenschnabel und Wattestäbchen wieder aus der Scheide raus sind, kommt die Tastuntersuchung. Die Ärztin zieht sich ganz dünne Gummihandschuhe an und geht mit einem oder zwei Fingern in deine Scheide. Die andere Hand legt sie dir auf den Unterbauch. So kann sie von außen Blase, Gebärmutter und die Eierstöcke ertasten und fühlen, wie groß und beweglich die Gebärmutter ist.

Diese beiden Untersuchungen dauern in der Regel nur wenige Minuten und dann kannst du wieder von dem Stuhl herunterklettern. Geschafft.

Übrigens: Für die erste Verschreibung der Pille ist heutzutage keine Untersuchung auf dem Stuhl mehr nötig. Auch bei Schmerzen genügt manchmal ein Ultraschall mit gefüllter Blase.

Brustuntersuchung

Nach Abstrich und Tastuntersuchung kann die Ärztin deine Brust untersuchen. Anfangs tut sie das nur dann, wenn du es willst, wenn du Fragen oder Schmerzen hast. Ab dem zwanzigsten Lebensjahr dann wird die Brustuntersuchung im Rahmen der Krebsfrüherkennung regelmäßig einmal jährlich gemacht.

Die Ärztin wird dich bitten, dich wieder anzuziehen und »oben rum« frei zu machen, um deine Brüste und die Achselhöhlen untersuchen zu können. – Du siehst, das mit der Sprache ist selbst für Gynäkologen nicht so einfach. Das Benennen der speziellen Körperteile, die oben rum und unten rum liegen, umgehen auch sie ganz geschickt.

Durch das Abtasten der Brust kann die Ärztin feststellen, ob du Knoten in der Brust hast, die da nicht hingehören. Das geht sehr schnell und tut nicht weh, fühlt sich aber ungewohnt an. Klar, welchen Fremden lässt man schon freiwillig an seinem Busen herumkneten?

Selbstuntersuchung der Brust

Wenn du Lust hast, kannst du die Untersuchung deiner Brust auch zu Hause selbst durchführen. Deine Frauenärztin wird dir das sicher zeigen, aber hier gibt es schon mal eine schriftliche Anleitung:

Die Brust-Selbstuntersuchung macht erst Sinn, wenn die Brüste voll entwickelt sind, und sie erfordert ein bisschen Übung. Am Anfang ist es gut, erst einmal zu spüren, wie sich das Brustgewebe überhaupt anfühlt. Die Brust ist nicht gleichmäßig, und es kann manchmal zu Verdickungen kommen, ohne dass was ist. Nicht jede Verdickung ist gleich ein krankhafter Knoten. Wenn du zum Beispiel etwas Schweres gehoben hast, kann es sein, dass der Bereich unter den Armen leicht anschwillt. Mit der Zeit findest du heraus, was bei dir normal ist.

Der beste Zeitpunkt, deine Brust zu untersuchen, ist jeweils kurz nach der Periode, also einmal im Monat. Dann sind die Brüste noch weich und du kannst Veränderungen gut feststellen. Am angenehmsten ist es, wenn du während des Abtastens warm und entspannt bist. Um deine Brüste kennenzulernen, fängst du am besten an, wenn du gerade bei der Frauenärztin warst und sie festgestellt hat, dass alles in Ordnung ist. So hast du schon mal den »Normalzustand«.

Gut, los geht's: Stell dich gerade vor den Spiegel und guck, ob dir alles normal vorkommt. Dann schau dich mit hoch über den Kopf gestreckten Armen an. Anschließend vorsichtig auf jede Brustwarze drücken und gucken, ob Flüssigkeit herauskommt. Normalerweise kommt da nichts raus. Wenn doch, solltest du das deiner Frauenärztin mitteilen.

So, das war schon mal der erste Teil, jetzt kannst du es dir gemütlicher machen, dich ins Bett legen und mit dem Tasten beginnen: Leg den linken Arm unter den Kopf und fahr mit den Fingern deiner rechten Hand in kreisförmigen Bewegungen über die linke Brust. Jetzt den linken Arm an den Körper legen und mit der rechten Hand den Bereich unter der linken Achsel abtasten und zuletzt den unteren, äußeren Teil der Brust vom Arm bis zur Brustwarze. Anschließend wiederholst du die ganze Prozedur bei der rechten Brust.

Am besten tastet du deine Brüste und Achselhöhlen nach einem festen Muster ab, zum Beispiel im Uhrzeigersinn und immer über Kreuz: Also die linke Brust mit der rechten Hand und umgekehrt. Wenn du es lieber weicher magst, creme dir Brust und Hände vor der Untersuchung etwas ein.

Das Abschlussgespräch

Normalerweise erfolgt nach den Untersuchungen noch ein Gespräch. Manchmal findet es im Untersuchungszimmer statt, wenn du wieder angezogen bist. Dann wird die Ärztin dir erzählen, welche Ergebnisse die Untersuchung gebracht hat, oder dir Empfehlungen geben, wenn du zum Beispiel die Pille möchtest.

Viele Frauenärzte erklären auch schon während der Untersuchung, was sie sehen, oder stellen Fragen. Manche fragen auch etwas ganz anderes, beispielsweise: »Wie läuft es in der Schule?« oder »Fährst du in den Urlaub?«, um dir und sich selbst die Untersuchungssituation angenehmer zu machen. Das ist ein ganz guter Trick, den du natürlich auch selbst anwenden kannst, wenn du bei der Untersuchung nicht so gerne schweigst. Der ganze Frauenarztbesuch ist eben auch eine

Sache der Vertrautheit und der Übung. Je häufiger du dort warst, desto besser wirst du wissen, was dir am angenehmsten ist, langes Geplapper oder ruck, zuck ohne viel Gerede.

Teenagersprechstunde

Viele Frauenärzte wissen ganz genau, dass Mädchen erst mal lieber einen Schnupperkurs in Sachen gynäkologische Untersuchung, Stuhl und Verhütungsgespräch machen möchten, bevor sie die Katze im Sack kaufen. Deshalb haben sie eine spezielle Sprechstunde nur für junge Mädchen eingerichtet. Das ist eine feste Zeit, zum Beispiel ein Nachmittag in der Woche oder im Monat, der nur für Mädchen reserviert ist und wo du dich auch nicht extra anmelden musst. Das heißt, du kannst einfach kommen, auch mit einer oder mehreren Freundinnen im Schlepptau, und es besteht nicht die Gefahr, dass deine Lehrerin oder deine Oma oder die Nachbarin deiner Tante dir als Überraschungsgast im Wartezimmer gegenübersitzt und dir viel deutbare Blicke zuwirft.

In die Teenagersprechstunde kannst du kommen, wenn du ein dringendes Problem hast, aber auch wenn du »nur mal so gucken möchtest«. Oft ist richtig gute Stimmung, es wird gequatscht und Tee getrunken und die Ärztin oder der Arzt erklären die Räume und die Geräte. Wer möchte, kann mit Klamotten auf dem Stuhl probesitzen, und du kannst gemeinsam mit deinen Freundinnen fragen, was dir auf der Seele brennt. Wie tastet man die Brust ab? Wie sieht ein Spekulum aus? Wann bekommt man die Pille? – Eine gute Möglichkeit, zu schnuppern und sich heranzutasten.

Ob eine Gynäkologin oder ein Gynäkologe eine solche Sprechstunde anbietet, erfährst du am sichersten, indem du dort in der Praxis anrufst; aber auch die pro familia oder Gesundheitszentren wissen darüber Bescheid.

Was ist, wenn was ist?

Es gibt typisch weibliche Beschwerden, die Mädchen und Frauen immer mal wieder heimsuchen. Sie sollten behandelt werden, sind aber nicht weiter tragisch.

Ausfluss

Für Frauenärzte gehört Ausfluss sozusagen zum ganz normalen Geschäft. Fast jede vierte Frau geht zum Frauenarzt, weil sie Ausfluss hat. Was da fließt, kommt aus der Gebärmutter oder der Scheide, hat eine Farbe zwischen klarem Weiß und Gelbgrün, riecht manchmal unangenehm und kann mit Schmerzen beim Geschlechtsverkehr verbunden sein.

Meist ist so ein Ausfluss einfach zu behandeln und geht schnell vorbei. Ein leichter weißlicher oder etwas gelblicher Ausfluss ist bei Frauen auch ganz normal.

Wenn du unsicher bist, ob dein Ausfluss die normale schützende, selbstreinigende Scheidenflüssigkeit ist oder ob du Pilze hast oder dich Viren oder Bakterien bei der Liebeslust erwischt haben, geh auf jeden Fall zur Frauenärztin oder zum Frauenarzt.

Pilze (Candida albicans)

Pilze gibt es nicht nur in Wald und Feld, sondern sie leben bei jeder fünften Frau ganz normal in der Scheide, ohne sich groß zu rühren. Es sind keine Fliegenpilze mit rotem, weiß gepunktetem Hut auf dem Kopf, vielmehr handelt es sich um hefepilzartige Organismen. Manchmal mucken sie auf, beispielsweise wenn sie sich übermäßig vermehrt haben. Dann können sie eine Scheideninfektion verursachen und das wird unangenehm: Frischkäseartiger Ausfluss, starker Juckreiz und Schmerzen beim Geschlechtsverkehr sind die Folgen.

Frauenärzte behandeln Pilzinfektionen mit Scheidencremes, Scheidenzäpfchen oder mit Tabletten. In leichteren Fällen und auch vorbeugend kannst du selbst etwas dagegen tun, indem du die Scheide mit Naturjoghurt ansäuerst und so die natürliche Scheidenflora stärkst. Einfach einen Tampon in Joghurt tunken und in die Scheide einführen.

Geschlechtskrankheiten

Für das merkwürdige Wort »Geschlechtskrankheiten«, das sich ein bisschen anhört, als hätte der Rest des Körpers damit eigentlich gar nichts zu tun, gibt es natürlich auch eine lateinische Bezeichnung: »Venerologie« ist die Lehre sexuell übertragbarer Krankheiten, und das kommt von »venereus«, sprich »Liebeslust« oder »Liebeskunst«. Da steckt wieder mal die Liebesgöttin Venus dahinter.

Geschlechtskrankheiten können sozusagen die »bittere Pille

danach« sein, d. h., sie sind durch ungeschützten Sex übertragbar und in den meisten Fällen eben nicht durch das Besuchen öffentlicher Schwimmbäder – auch wenn man das manchmal lieber hätte, weil es schuldloser und nicht so intim klingt, wenn man den Eltern oder dem Frauenarzt darüber berichtet. Schließlich geht es ja eigentlich niemanden was an, dass man Sex mit jemandem hatte, der an einer Geschlechtskrankheit erkrankt ist – was man vorher leider nie so genau wissen kann.

Aber keine Sorge. Der Frauenarzt kennt eh die Übertragungswege und er weiß auch: Geschlechtskrankheiten sind so alt wie die Welt. Angeblich wurden schon bei Steinzeitknochenfunden in Vorderasien und Afrika Hinweise auf die Infektionskrankheit Syphilis gefunden. Man muss sich dafür nicht schämen, auch wenn man es vielleicht trotzdem tut.

Hier die häufigsten Geschlechtskrankheiten:

Trichomonaden

Eine Trichomonaden-Infektion kann in seltenen Fällen außer durch Sex auch auf öffentlichen Toiletten, in Saunen oder Schwimmbädern eingefangen werden. Es ist eine Infektion der Scheide, die durch ein Urtierchen namens »Trichomonas vaginalis« verursacht wird. Diese »Viecher« riechen unangenehm, bewirken einen glasigen, gelbgrünen Ausfluss und empfindlichen Juckreiz. Auch sie leben bei vielen Frauen in der Scheide und rühren sich normalerweise nicht. Die Trichomonaden kommen auch im Penis der Männer vor, aber die haben seltener Probleme damit.

Herpes

Herpes kennst du vielleicht als Ausschlag am Mund. Es sind kleine, juckende Bläschen, mit denen man ziemliche Schwierigkeiten beim Küssen hat und die auch noch ansteckend sind. Also bei Herpes: küssen verboten.

Herpesbläschen können sich auch an den Schamlippen bilden, das ist der sogenannte »Genitalherpes«. Dann ist Sex verboten, tut auch viel zu weh, weil es ordentlich juckt und brennt. Richtig ausheilen kann man Herpes nicht, weil die Viren lebenslang in den Nervenknoten vital bleiben. Aber man kann ihn abheilen mit Salben und Tinkturen und damit erneuten Ausbrüchen vorbeugen oder sie wenigstens mildern.

Feigwarzen

Feigwarzen sind kleine Warzen, die sich an die Scheide oder an den Penis setzen. Oft verursachen sie keine Schmerzen. Man kann sich anstecken, ohne dass die Warzen sichtbar werden. Manche Menschen haben sie mehrere Jahre, ohne es zu wissen. Wenn man Feigwarzen hat, sollte man auf jeden Fall Kondome benutzen. Oft heilen sie, manchmal nach Jahren, von selber ab.

Chlamydien

Chlamydien-Infektionen gehören zu den häufigsten sexuell übertragenen Krankheiten. Infizieren kann man sich auch durch Oralsex, also wenn die Geschlechtsteile mit dem Mund berührt, geküsst und geleckt werden. Oftmals spürt man sie gar nicht, jede zweite Frau, die sie hat, merkt nichts. Wenn sie sich bemerkbar machen, dann durch Brennen beim Pinkeln, klebrigen oder eitrigen Ausfluss, Zwischenblutungen, Unterleibsbeschwerden, Schmerzen beim Sex.

Wenn eine Chlamydien-Infektion unbehandelt bleibt, kann sie Entzündungen zum Beispiel der Eileiter, der Augen, bei Jungs der Prostata zur Folge haben. Im schlimmsten Fall kann sie zur Unfruchtbarkeit führen. Also, sobald du etwas merkst: Nichts wie hin zur Frauenärztin oder zum Frauenarzt.

Tripper (Gonorrhö)

Ein Sprichwort sagt: »Es ist nicht alles Gold, was mit GO anfängt …« Das Wort »Tripper« kommt von »trippen«, »in Tropfen herabfallen«. Tripper oder »Gonorrhö« wird durch Bakterien, die sogenannten »Gonokokken«, übertragen. Sie können sich auf den Schleimhäuten des Mundes, der Geschlechtsorgane und des Darms vermehren. Brennen und Schmerzen im Unterleib und Ausfluss sind die Symptome.

Was tun? Vorbeugen und heilen

In allen Fällen gilt: Besonders Menschen, die häufig wechselnde Sexualpartner haben, sind gefährdet, sich mit einer Geschlechtskrankheit anzustecken. Als vorbeugende Maßnahme gegen Ansteckung helfen in den allermeisten Fällen Kondome. Zudem kannst du deine Scheidenflora, die ja einen natürlichen Schutz gegen Bakterien bildet, stärken, indem du keine Seife, Waschcremes oder Intimsprays benutzt, um die Scheide zu reinigen. Lauwarmes Wasser reicht zum Waschen völlig aus.

Früher wurde angeblich Petersilie gegen Geschlechtskrankheiten eingesetzt, sie wirkt entwässernd und spült Bakterien heraus. Heute verschreiben Ärzte Salben oder Antibiotika. In vielen Fällen muss sich der Partner oder die Partnerin mitbehandeln lassen. Außerdem müsst ihr beide, wenn es euch erwischt hat, eine Zeit lang ohne Sex leben, damit ihr euch nicht gegenseitig immer wieder ansteckt. Auf jeden Fall solltest du nicht lange warten und dich mit Schamgefühlen quälen, sondern rasch zur Frauenärztin oder zum Frauenarzt gehen und die Sache abklären.

Aids

Das Wort »Aids« lässt bei allen Leuten die Alarmglocken läuten. Das liegt daran, dass diese Viruserkrankung tödlich ist. Es wird zwar intensiv geforscht, um ein Gegenmittel zu finden, aber bislang gibt es lediglich Medikamente, die den Krankheitsverlauf verlangsamen.

Als das Aids-Virus »HIV« (Humanes Immunschwäche-Virus) Ende der siebziger Jahre von Ärzten entdeckt wurde und man in den Medien immer häufiger davon hörte, machten die wildesten Gerüchte über die Ansteckungsmöglichkeiten die Runde. Einfach weil man Panik bekam und nicht viel darüber wusste. So glaubten manche, man dürfe nicht mehr mit anderen aus einem Glas trinken und auch durch Küssen oder sogar Händeschütteln könne Aids übertragen werden.

Das stimmt alles nicht. Das HI-Virus ist nur in drei Körperflüssigkeiten in ausreichender Konzentration vorhanden, um andere zu infizieren: Im Blut, in der Samenflüssigkeit von Jungs und Männern und in der Scheidenflüssigkeit von Mädchen und Frauen. Das bedeutet: Aids kann durch ungeschützten Geschlechtsverkehr übertragen werden, durch den gemeinsamen Gebrauch von Spritzen, durch Blutinfusionen, die Übertragung von Körpergewebe und bei der Geburt eines Säuglings von der Mutter auf das Neugeborene.

Wenn du wissen möchtest, ob du HIV-positiv bist, kannst du einen HIV-Test machen. Kostenlos und anonym beim Gesundheitsamt und außerdem bei jeder Ärztin und jedem Arzt. Dabei wird dir Blut abgenommen, das dann auf HIV-Antikörper untersucht wird. Etwa drei Monate nach dem letzten ungeschützten Sex können mit genügender Sicherheit Aussagen über eventuelle Antikörper im Blut gemacht werden.

Auch gegen diese Sorge hilft nur eins: Bevor sich Panik im Kopf ausbreitet, verschaff dir Gewissheit.

Seelenschmerz und Auswege

»Das Herz ist eine miese Gegend« ist der Titel einer Liebesgeschichte um Giovanni, der eigentlich Paul heißt. Liebesglück
und Herzschmerz erfährt Giovanni in seiner Liebe zu Laura
und seiner Freundschaft zu Bo, der sein Herz auch ausgerechnet an Laura verloren hat … Das Drama ist perfekt.

Rosarote und aschgraue Gefühle sind oft gar nicht so weit
voneinander entfernt. Und zwar nicht nur, wenn es um Liebe
und Freundschaft geht. Auch Eltern, Lehrer und Klassenkameraden können einem Geborgenheit, Anerkennung und Hoch-
gefühle vermitteln und genauso das Leben zur Hölle machen.

Einen Kloß im Hals oder Wut im Bauch darüber, dass Eltern
sich streiten, verbieten, auf eine Party zu gehen, Druck wegen
der Schule machen, Lehrer einen ungerecht behandeln oder
Mitschüler einen ausgrenzen, kennen ganz viele Mädchen und
Jungen und sie leiden auch darunter.

Was aber, wenn der Kummer nicht aufhört, wenn der Zoff
zu Hause an der Tagesordnung ist, oder aus dem einmaligen
Ausgrenzen in der Schule ein dauerhaftes Mobbing wird?
Wenn das Gefühl, liebenswert zu sein, immer mehr dem Gefühl, »zu viel« oder »nicht richtig« zu sein, weicht, wenn tief-
schwarze Gefühle sich wie ein Stein aufs Herz legen und da
nicht mehr weggehen?

Aussehen

Jedes Mädchen ist anders, und jede sucht sich andere Wege, mit schwierigen, belastenden Situationen fertig zu werden.

Manche Mädchen haben die Idee, sie müssten ihr Aussehen verändern, um glücklicher zu sein. Wenn sie nur schöner wären, dann bekämen sie Anerkennung, die Mitschüler würden sich bewundernd nach ihnen umdrehen, die Eltern wären stolz und die Lehrer wären netter.

Einige betreiben einen Riesenaufwand und eifern mit viel Anstrengung, Ehrgeiz und auch Verzweiflung einem Ideal nach, das sie niemals erreichen können. Ganz häufig wird gehungert, diätet, operiert, geliftet und trainiert – und das ist purer Stress.

Die Hoffnung auf Glück, Glamour und Schönheit erfüllt sich selten. Meist wächst die Verzweiflung, einfach weil das innere Gefühl nicht stimmt. Denn die Gewissheit, »richtig« zu sein, zu »stimmen«, hat mit Selbstvertrauen und Selbstliebe, mit Akzeptanz und Anerkennung durch andere Menschen zu tun – und diese Werte lassen sich nun mal nicht mit einer Diät oder anderen äußerlichen Veränderungen herbeizaubern.

Unbestritten ist: Ein verändertes Äußeres kann einen »Wow«-Effekt auslösen und Sicherheit geben. Nur: Die Sicherheit, allein wegen seiner schmalen Hüften gemocht zu werden und sich gut zu fühlen, steht auf sehr wackeligen Beinen. Das Gefühl, »Ich bin nicht richtig«, bleibt – trotz der ganzen Manipulationen.

Das wird für viele erst deutlich, wenn sie eine Menge Geld für eine Schönheitsoperation auf den Tisch geblättert haben und dann doch aus der krummen Nase kein ebenmäßiges Puppennäschen, sondern ein wunder Zinken geworden ist. Oder wenn das Fettabsaugen zu herunterhängenden Hautfalten und einer Fettbeule an den Oberschenkeln geführt hat oder die aufgespritzten Lippen wieder in sich zusammengefallen sind.

Beim Lippenaufspritzen ist es so, dass du Fett aus einem anderen Teil des Körpers, dem Bauch, den Oberschenkeln oder dem Po, entnommen bekommst und dir dieses Fettgewebe dann in die Lippen gespritzt wird.

Doch irgendwie scheint das Eigenfett zu merken, dass es hier nicht hingehört: Spätestens nach ein bis zwei Jahren macht es sich im wahrsten Sinne des Wortes »dünne«. Das bedeutet, die Sache hält nicht ewig und muss wiederholt werden.

Stell dir vor, du küsst deinen Traumprinzen und irgendwann fällt ihm auf: »Du hattest aber auch schon mal vollere Lippen.« Dann heißt es Farbe bekennen.

Hinzu kommt: Die ganze Sache macht nicht mal unbedingt schöner. Laut Umfragen werden natürlich geformte Lippen als attraktiver empfunden.

Das ist natürlich eine Geschmacksfrage. Es gibt auch Menschen, die sich mit aufgespritzten Lippen einfach besser fühlen, ganz für sich selbst.

Wichtig ist, dass du dir vor einem Eingriff genau überlegst, welche Folgen die Sache mit sich bringen kann. Falls du zum Beispiel ganz schmale Lippen und das Gefühl hast, dass sie dir deine Lebensfreude nehmen, sprich mit deinen Freundinnen und deinen Eltern darüber. Bei Minderjährigen ist generell für jede kosmetische Operation die Einwilligung der Eltern nötig.

Horror-Zahlen

Zehn Prozent aller Schönheitsoperationen werden an unter 20-Jährigen vorgenommen, obwohl sie nicht selten zu Missbildungen führen. Rund zwanzig Prozent dieser Eingriffe müssen in späteren Jahren korrigiert werden.

Eine andere Verlockung, den eigenen Körper zu modellieren, sind Diäten. Immer noch liest du in Zeitschriften die tollsten Tipps für Kuren zum Schlankwerden, obwohl längst bekannt und erwiesen ist, dass Diäten krankmachen und den sogenannten »Jojo-Effekt« provozieren. Das bedeutet, dass du abnimmst und nach Beenden des Hungerns aber wieder so zulegst, dass du am Ende mehr auf die Waage bringst als vorher. Denn dein Körper sagt sich: »Hilfe, Notstand! Ich muss auf Vorrat essen.«

Menschen, die quasi in permanenter Diät leben, setzen sich zudem der Gefahr aus, eine schwere Hungerkrankheit zu bekommen, die sie unter Umständen sogar das Leben kosten kann.

Magersucht (Anorexie)

Magersucht fängt oft mit Kalorienzählen an. Nur noch fett- und zuckerarme Kost wird verzehrt. Viele steigen mehrmals am Tag auf die Waage, treiben exzessiv Sport und schlucken Tabletten, die den Appetit zügeln. Das Fatale ist, sie verlieren das objektive Maß für dick und dünn. Auch wenn die Außenwelt findet: »Du siehst aus wie ein Strich in der Landschaft«, lautet ihr eigenes Urteil beim Blick in den Spiegel: »Ich bin zu fett.«

Jeder siebte Jugendliche ist gefährdet, an Magersucht zu erkranken. Ein Prozent der Mädchen in den westlichen Industrienationen erkrankt tatsächlich an Magersucht. Zehn Prozent der Magersüchtigen sterben an dieser Krankheit.

Ess-Brech-Sucht (Bulimie)

Eine andere Esskrankheit ist die Bulimie. Wer darunter leidet, hat oft ein normales Gewicht und ist sehr leistungsstark. Jedoch drehen sich alle Gedanken ums Essen. Es wird viel Geld ausgegeben, um mehrmals am Tag riesige Essensmengen zuzubereiten und zu verzehren. Nach einem Fressanfall wird, um nicht dicker zu werden, alles wieder erbrochen.

Sechs Prozent aller Schüler haben ein Essverhalten, das dem Essen und Erbrechen der bulimisch Kranken nahe kommt.

Magersüchtige und Bulimikerinnen leiden unter Kreislaufstörungen, Magen-Darm-Beschwerden, Herzrhythmusstörungen und Nierenschäden. Bulimikerinnen haben durch das ständige Erbrechen auch Schäden an der Speiseröhre, im Mund und an den Zähnen.

Die Madrider Modemesse hat als erste Institution auf diese erschreckenden »Nebenwirkungen« der Sehnsucht nach Schönheit reagiert. In dem Wissen, dass ihre Models Vorbild für viele junge Mädchen sind, haben die Verantwortlichen beschlossen, das Vorbild zu verändern, wenigstens ein bisschen. Im Jahr 2006 wurde supermageren Models erstmalig verboten, in Madrid über den Laufsteg zu gehen. Das hat viel Wirbel, aber auch viel Zustimmung bei anderen Messeveranstaltern eingebracht. Die Mailänder Modemesse hat sich gleich angeschlossen. Brasilien startete eine Kampagne gegen zu junge und zu dünne Mannequins, nachdem ein brasilianisches Model an Magersucht gestorben war.

Hoffentlich ein Anfang zum Umdenken. Denn klar ist: Es gibt in Wirklichkeit kein objektives Maß für Schönheit. Das Bild, das wir in unserem Kopf herumtragen, ist nicht mit der Muttermilch aufgesogen, sondern geprägt von dem, was wir immer wieder und überall in der Öffentlichkeit zu sehen bekommen. Dabei vergessen wir, dass das alles manipuliert und künstlich ist. An den präsentierten Fotos und Körpern wurde per Computer gefeilt und geschliffen, bis alles ebenmäßig aussah. Auch Marilyn Monroe, das Schönheitssymbol der zwanziger Jahre, hatte die Haare gebleicht und Kinn und Nase operiert.

» *Es ist gar nicht so leicht, so schön zu sein, wie man aussieht.* «
Sharon Stone, US-amerikanische Schauspielerin

Bin ich zu dick?

Diese Frage quält sehr, sehr viele Mädchen und auch Jungen, ganz unabhängig davon, ob Außenstehende die Sorge nachvollziehen können oder nicht. Und vielen fällt es nicht leicht, sich selbst die Antwort darauf zu geben.

Vielleicht hast auch du schon überlegt, wie du es anstellen kannst, das kleine Speckröllchen an deinem Bauch wegzubekommen. Vielleicht siehst du auch ganz klar, dass du mehr auf die Waage bringst als alle deine Klassenkameradinnen. Vielleicht wirst du sogar gehänselt und als »Dicke« nie gewählt, wenn im Sport die Gruppen für das nächste Volleyballspiel zusammengestellt werden.

Auch »zu dick sein« ist eine Frage des Blickwinkels. Wenn du dir unsicher bist, ob du wirklich im medizinischen Sinn zu dick bist, ist der allererste Schritt, dass du jemanden in deiner Umgebung fragst, was er oder sie von der Sache hält. Jemand, der dich mag und dem du vertrauen kannst, dass er dir auch eine ehrliche Antwort gibt.

Eine andere Möglichkeit ist, auszurechnen, ob du überdurchschnittlich dick bist. Das kannst du über den sogenannten »Body-Mass-Index«, kurz »BMI«. Das ist eine Tabelle, die du im Internet findest und die deine Körpermasse ins Verhältnis zu deinem Alter und deinem Sollgewicht setzt. Doch Vorsicht: Hier kannst du nur einen groben Richtwert erhalten, der BMI berücksichtigt nämlich nicht die Zusammensetzung aus Muskel- und Fettgewebe, die bei jedem Menschen verschieden ist. Außerdem kann er für sehr kleine und sehr große Menschen keine Aussage machen.

Im Zweifel ist es sicherer, eine Ärztin oder einen Arzt um Rat zu fragen. Dort erhältst du auch Tipps, wie du dich verhalten kannst, wenn du im medizinischen Sinn zu viel Gewicht hast.

Wichtig ist, dass du in dem Fall nicht nur schaust, wie du anders essen und dich mehr bewegen kannst, sondern dass du dich auch fragst: »Warum ist das bei mir so?«

Manchmal ist der Ring um den Bauch ein regelrechter Rettungsring, ein Schutz gegen Angriffe von außen. Hilfreich wäre dann die Frage: »Esse ich, weil ich Kummer habe?« oder »Wovor muss ich mich auf diese Weise schützen?« und »Wie könnte ich mich anders, also durch Worte und verändertes Verhalten, schützen?«

Das herauszufinden, ist nicht einfach und dafür benötigst du vielleicht Hilfe von außen.

Binge Eating

»Binge« bedeutet »Fresstour«. Mit »binge eating« bezeichnet man immer wiederkehrende Heißhunger-Attacken. Wenn so ein »Anfall« auftritt, verliert man komplett die Kontrolle über sein eigenes Essverhalten und stopft alles in sich hinein. Im Gegensatz zur Bulimie wird das Gegessene hinterher nicht erbrochen, sondern beibehalten. Auf Dauer führt Binge Eating zu massivem Übergewicht.

Adipositas

»Adipositas« ist das Fremdwort für »Fettleibigkeit« bzw. starkes Übergewicht. Warum Menschen übergewichtig sind, dafür gibt es meist mehrere Ursachen: Zum einen ist die Neigung zur Fettleibigkeit angeboren, zum andern ernähren sich Dicke oft falsch und bewegen sich zu wenig. Häufig stecken aber auch seelische Probleme dahinter, und die Menschen essen, um sich zu trösten oder ihren Frust »in sich hineinzufuttern«.

Alles geritzt

Ein Versuch, den manche Mädchen machen, um ihren seelischen Schmerz loszuwerden, ist, sich körperliche Schmerzen zuzufügen. Sie ritzen sich mit Messern, Kronkorken oder Rasierklingen Schnitte in Arme, Beine oder Bauch.

Wenn du das liest, bist du vielleicht fassungslos, wie jemand sich so etwas antun kann, vielleicht hast du aber auch schon mal was davon gehört oder es selbst schon einmal gemacht.

Tatsache ist, wer so verzweifelt ist, dass er seine innere Wut und seinen inneren Schmerz von außen gegen seinen Körper richten muss, der braucht dringend Hilfe und Unterstützung von Profis. Wenn du eine Freundin hast, die sich ritzt, ist es gut, wenn du für sie da bist, aber lösen kannst du allein ihr Problem nicht.

Alkohol

Stell dir vor, du hast eine neue Freundin. Du bewunderst sie vielleicht, weil sie älter ist und stark wirkt und weil sie über deine Witze lacht und dich mitnimmt, wenn sie auf

Tour geht. Nach der Schule geht ihr manchmal in die Stadt und vertreibt euch die Zeit. Sie findet dich »crazy«, weil du immer eine noch verrücktere Idee hast, was man gegen die Langeweile tun kann. Zum Beispiel Pommes frites kaufen und sie ahnungslosen Passanten zum Essen anbieten, auf Hausdächern herumklettern oder Leute anschreien, weil ihr gerade Frust habt und es euch Spaß macht, so eure Aggressionen rauszulassen.

Frust habt ihr beide genug. Sie, weil ihre Mutter abends immer mit irgendwelchen Typen chattet und sich nicht sonderlich für ihre Tochter interessiert. Du, weil dein Vater arbeitslos ist und immer häufiger seine Wut an dir auslässt. Manchmal im Suff, manchmal auch mit Gewalt.

Am Wochenende trefft ihr euch mit einer etwas älteren Jungs-Clique. Klar wird geraucht und Alkohol gibt es natürlich auch. Du rauchst mit und Trinken findest du cool. Das macht dich locker und ausgelassen und du hast auch schon mal auf dem Tisch getanzt und alle haben bewundernd geguckt und geklatscht. Obwohl du doch die Jüngste in der Truppe bist! Aber der Alkohol gibt dir Mut und außerdem kannst du deinen Vater vergessen.

Die Jungs hier sind auch betrunken und sie nehmen dich in den Arm und küssen dich. Nicht, dass du einen besonders magst, aber das ist dir egal, wenn du genug intus hast. Es ist auch schon vorgekommen, dass du so viel getrunken hast, dass du dich nicht mehr erinnern konntest, was passiert ist. Du bist irgendwann aufgewacht, deine Hose war runtergezogen und dein T-Shirt vollgekotzt. Ein mieses Gefühl, wie du dich aufgerappelt hast, aus *dem Partykeller gewankt und nach Hause gestolpert bist. Aber was soll's. Besser, als alleine zu Hause zu hocken und nichts zu erleben.*

Traurig ist die Geschichte. Die Ereignisse reihen sich aneinander wie ein Zug, der, wenn er einmal ins Rollen kommt, nicht mehr zu stoppen ist. Es ist keine frei erfundene Geschichte. So oder so ähnlich geht es manchen Mädchen und der Alkohol spielt dabei eine ganz üble Rolle. Nämlich die, dass du etwas tust, was du eigentlich gar nicht möchtest, was dein Unglück und deine Traurigkeit letztendlich größer macht.

Alkohol hat viele Seiten. Nicht ohne Grund darf man Bier und Wein erst ab sechzehn, Alkopops und Schnäpse erst ab achtzehn kaufen. Seit ein 16-Jähriger sich beim Flat-Rate-Saufen, wo man einen festen Preis bezahlt und dann so viel trinken kann, wie man möchte, ins Koma getrunken hat und nicht mehr aufgewacht ist, wird überlegt, die Gesetze zu verschärfen. Gegner dieser Idee finden, dass Gesetze nicht helfen, weil das Problem woanders liege. Tatsache ist: Viele hundert Jugendliche werden jährlich wegen einer Alkoholvergiftung ins Krankenhaus eingeliefert.

Eine Seite von Alkohol ist das Trinken aus Frust, aus Langeweile, aus Angst oder weil es alle machen, um dazuzugehören. Aber das alles sind keine guten Gründe, sondern Gründe, die dich davon wegbringen, dass du selbst über dich entscheidest, dass du diejenige bist, die weiß, was ihr guttut, und die »nein« sagt, wenn sie »nein« fühlt.

Manche kennen es schon von Kindheit an, dass ihre Eltern trinken, um ihre Sorgen herunterzuspülen. Sie haben eine Ahnung davon, dass Alkohol krank und abhängig macht und dass starker Alkoholkonsum die Persönlichkeit eines Menschen verändert. Fakt ist: Alkohol in Mengen schädigt die Gehirnzellen, die Leber und letztendlich den ganzen Körper, auch wenn das lange Zeit äußerlich nicht sichtbar wird. Deshalb: Alkohol als Seelentröster, als Aufputscher, um in Schwung zu kommen, als Durstlöscher ist denkbar ungeeignet, immer.

Die schöne Seite ist, Alkohol zu genießen, zu einem leckeren Essen, abends mit Freunden. Als Genussmittel für Erwachsene geht das gut, solange sie wissen, wie viel sie vertragen können. Ein bis zwei Gläser Wein sind da meist schon genug. Doch der Übergang von Genuss zu unkontrolliertem Trinken ist oft fließend. Und darum ist es wichtig, sich in klarem Kopf bewusst zu machen, was gut für einen selbst ist und was nicht.

Mara, 17 »*Zum ersten Mal durfte ich nach einer Fete nachts wegbleiben. Wir haben getanzt im Keller von Karlas Eltern, manche haben rumgeknutscht und viel Rotwein getrunken. Ich hatte Schiss, meinen Schwarm Till anzuquatschen. In meinem Hin und Her habe ich mich an mein Glas geklammert und immer wieder nachschütten lassen. Bis ich den Mut hatte, mit ihm zu tanzen. Da muss ich schon ganz wackelig gewesen sein. Mehr weiß ich nicht mehr. Filmriss. Irgendwann nachts bin ich im Partykeller wach geworden. Es roch nach Wein und Zigaretten. Mir war nur noch schlecht.*«

Tina, 15 »*Trinken ist für manche Leute ein Zeichen von besonders Cool-Sein. In unserer Clique waren zwei tolle Typen, die aber nie einen Tropfen Alkohol getrunken haben. Da war es einfach, nach ein, zwei Bier auf Cola*

umzusteigen. Nie hat einer eine blöde Bemerkung gemacht. Auf einer Schulfete ist mir aber mal einer auf die
Pelle gerückt und wollte mir Alkopops aufzwängen. Dem
habe ich mit einer Armbewegung das Glas übers T-Shirt
geschüttet – ganz aus Versehen.«

Drogen und Tabletten

Mira ist zwölf Jahre alt und hat von ihrer Tante ein besonderes Geburtstagsgeschenk bekommen. Eine Wasserpfeife oder auch »Shisha«. Nun lädt sie ausgewählte
Freunde zur Nachmittags-Party ein. Die fühlen sich ge-
ehrt und finden's spannend. Miras Eltern sind um diese
Zeit noch bei der Arbeit, und wenn sie nach Hause kommen, sind sie k. o. und streiten sich darüber, wer das Klo
putzen muss. Beim Rauchen mit ihren Freunden kann
Mira kurz vergessen, dass gleich wieder Zank und Streit
zu Hause ist und sie wahrscheinlich Stress kriegt, weil sie
die Spülmaschine nicht ausgeräumt hat.

Lust am Risiko und die Neugier auf Grenzerfahrungen, das Be-
dürfnis, in Stresssituationen »abzutauchen«, »runterzukom-
men«, Probleme oder auch der Druck, dazuzugehören und sich
»lässig« zu geben, sind die Gründe, warum Jugendliche Drogen
nehmen.

Shisha-Rauchen gilt bei manchen 12-Jährigen schon als cool
und angesagt. Aber auch in der Wasserpfeife ist Stoff drin, der
süchtig macht, nämlich Nikotin. Harte Drogen wie Opium,
Morphium, LSD, Crack und Heroin machen sehr schnell kör-

perlich abhängig. Die sogenannten »weichen Drogen« wie Haschisch und Marihuana erzeugen vor allem seelische Abhängigkeit. Mit der Zeit vermitteln sie das Gefühl: »Ich kann nicht mehr ohne«, »Ich brauch jetzt was«. Kokain steht irgendwo zwischen »hart« und »weich«. Es macht zunächst vor allem seelisch abhängig, kann aber aufgrund seiner aufputschenden Wirkung im schlimmsten Fall zu Herzversagen führen. Ecstasy unterdrückt die normalen Warnsignale des Körpers wie Schmerzen, Durst oder Erschöpfung. Herz- oder Kreislaufversagen und Schockzustände können die Folge sein.

Oft versteckt ist die Abhängigkeit, die durch Medikamente hervorgerufen werden kann, die ganz normal vom Arzt verschrieben werden. Als Beruhigungs- oder Schlaftabletten getarnt, schleichen sie sich unbemerkt in die Medikamentenschränkchen der Haushalte und werden häufig von Frauen eingenommen, um »normal« durch den Alltag zu kommen.

In allen Fällen weichen die kurzfristigen Gefühle wie »Ich bin eine Superfrau«, »Probleme gibt es nicht« oder »Mir kann keiner was« sehr schnell einer gähnenden Leere. So entsteht, je nach Droge eher schleichend oder auch sehr rasch, eine Abhängigkeit, die immer häufiger und immer mehr Stoff fordert. Langfristig erzeugen Drogen Angstzustände, Schlaflosigkeit, Konzentrationsstörungen und schwere körperliche Schäden, die auch bis zum Tod führen können.

Auswege suchen und finden

Klar ist: Jede Art von Abhängigkeit oder Sucht schafft noch mehr Probleme, als vorher schon da waren. Sich in Ess-Wahn, Alkohol- oder Drogenkonsum zu retten, ist einfach nur trügerisch.

Aber, was dann?

Wenn du Probleme hast, die dich quälen, ist es auf jeden Fall gut, darüber mit Freundinnen oder deinen Eltern zu reden. Wenn das Problem mit denen nicht zu besprechen ist, sind manchmal auch nette Verwandte, Freunde der Eltern oder Lehrer gute Ansprechpartner. Vielleicht gibt es auch im Jugendzentrum eine Sozialarbeiterin, mit der du reden kannst. Wichtig ist, dass du dich jemandem öffnest, dem du wirklich vertraust. Selbst wenn der- oder diejenige dir nicht sofort eine Lösung bieten kann, ist es oft schon sehr entlastend, seine Sorgen auf mehrere Schultern zu verteilen.

Wenn niemand in deiner Umgebung ist, von dem du Hilfe erwarten kannst, und du vielleicht auch jemanden brauchst, der sich wirklich mit einer Sache auskennt, ist es gut, sich professionelle Hilfe zu holen. Das ist oft ein schwerer Schritt, und viele Leute warten damit, bis es wirklich nicht mehr anders geht.

Vielleicht hilft dir der Gedanke, dass diese Profis sich einfach sehr gut mit bestimmten Problemen auskennen und dass sie ihr Expertenwissen wie eine Dienstleistung anbieten. Und dafür werden sie schließlich auch bezahlt. Es ist ihr Job, genau wie andere Obst oder Handys verkaufen.

Wichtig zu wissen ist: Für dich als Hilfesuchende ist jede Beratung in öffentlichen Beratungsstellen kostenfrei.

Ein erster Schritt kann vielleicht ein Telefongespräch mit einer Beraterin der *Nummer gegen Kummer* oder der Telefonseelsorge sein. Oder eine schriftliche Anfrage in einem seriösen Chat, wo Profis antworten. Die Caritas, die Kinderschutz-Zentren oder auch pro familia bieten solche Dienstleistungen an. (Adressen findest du im Adressenteil). Dort kannst du zuerst mal erfahren, welche konkreten Personen in deiner Nähe solche Hilfsangebote machen. Du findest sie zwar auch im Telefonbuch und in den Gelben Seiten, aber es ist oft hilfreich, eine Empfehlung zu haben.

Wer wirklich gut für dich ist, das kannst du letztendlich nur in einem persönlichen Gespräch herausfinden. Denn natürlich kann nicht jede mit jeder oder jedem, und die Entscheidung, ob du dich einer bestimmten Person anvertrauen kannst, fällst ganz allein du.

Wichtig ist: Wenn du beim ersten Gespräch mit einer Beraterin das Gefühl hast: »Hier geht gar nichts«, gib nicht sofort auf, sondern such dir jemand anderen.

Der Weg in die Beratungsstelle ist wie der Weg zum Arzt oder zur Ärztin: Du rufst dort an. Etwas später wirst du einen Termin bekommen und dann eingeladen werden. Manche Stellen haben auch zu bestimmten Zeiten »offene Sprechstunden« für Jugendliche in Not, so dass du ohne Voranmeldung dorthin kannst.

Trotzdem erscheint der Schritt, sich an eine offizielle Stelle zu wenden, häufig als echte Hürde, einfach weil es so ungewohnt ist, über seine Sorgen zu sprechen, noch dazu mit einer fremden Person. Beruhigend ist: Diese Person hat Schweigepflicht. Sie darf nur jemand anderem etwas von dir erzählen, wenn sie sich ernsthaft Sorgen um dein Leben macht. Ansonsten sind deine Geheimnisse dort sicher. Und: Manchmal ist es gut zu wissen, dass du dieser Person nur hier begegnest und sie nicht plötzlich in deiner Nachbarschaft oder auf einer Party auftaucht.

Mädchenpower und Selbstbewusstsein

Marion, 12 »*Ich möchte gern selbstbewusster werden. Wenn ich eines Tages in den Spiegel schaue und mir selber sagen kann:* ›*Du siehst klasse aus. Du bist schön. Du bist toll.*‹ *Das wäre für mich ein Zeichen, dass ich das geschafft habe.*«

Schöner Schwan oder hässliches Entlein? Menschen, die sich immer und zu jeder Zeit gut fühlen, gibt es nicht. Ob wir selbstbewusst sind und uns selber gut finden, ist nicht jeden Tag gleich. An manchen Tagen, in manchen Situationen fühlen wir uns hundeelend und mickrig klein, verloren wie eine Ameise auf hoher See, die sich an einen Strohhalm klammert. An anderen Tagen sind wir stark und voller Power, fühlen uns wie eine griechische Göttin, die bewundert wird für ihre Schönheit und Macht.

Was ist Selbstbewusstsein?

Wenn jemand forsch auftritt, eine große Klappe hat, überall das Gespräch an sich reißt und es schafft, zu bestimmen, was die anderen machen, erscheint das oft sehr selbstbewusst. Manchmal aber ist es auch einfach nur dreist, ohne Blick auf

andere Menschen und ohne Gespür für wichtige Feinheiten und Zwischentöne.

Selbstbewusstsein bedeutet nicht, laut zu sein und alle anderen plattzuwalzen. Es hat vielmehr etwas damit zu tun, sich seiner selbst »bewusst« zu sein, seiner Gefühle und seiner Meinung. Sie wahrzunehmen und sie auch nach außen hin zu vertreten.

Das ist nicht immer leicht. Selbst diejenigen, die am selbstbewusstesten erscheinen, vertreten vielleicht manchmal nur eine angenommene Meinung, von der sie glauben, dass sie chic oder angesagt oder besonders cool ist, und verdrängen dabei ihr eigenes Gefühl.

»Nein« sagen

Wie geht das, selbstbewusst »Ja« zu sagen, wenn ich etwas möchte, und »Nein« zu sagen, wenn mir etwas nicht gefällt?

»Ja« zu sagen und zu nicken ist für viele leichter, als gegen etwas zu sein, vor allem dann, wenn scheinbar alle anderen finden, »ES« gehöre dazu. Wenn du fürchtest, dein Freund macht mit dir Schluss, weil du nicht seinen Penis streicheln oder nicht mit ihm schlafen möchtest, wenn du Angst hast, aus der Clique geschmissen zu werden, weil du nicht rauchst oder keinen Alkohol magst, dann ist es schwer mit dem Selbstbewusstsein, das entschieden »Nein« sagt. Es ist ein Trugschluss, zu glauben, tapfer bei allem mitzumachen, sei selbstbewusst. »Nein« zu sagen ist oft viel schwieriger, als »Ja« zu sagen, nicht mitzuschwimmen, ist schwerer, als das zu tun, was scheinbar alle anderen auch machen. Wer sich schon mal gegen sein Gefühl hat breitschlagen lassen, kennt die miese Stimmung hinterher: Eher klein und mickrig als stark und mutig ist das Selbstwertgefühl, das übrig bleibt.

Was empfindest du? Was gefällt dir? Was willst du? Wenn dir das klar ist, kann der nächste Schritt sein, dich zu fragen: Wie kann ich das sagen oder zeigen? Manchmal hilft es, sich einer Freundin oder einer anderen nahestehenden Person anzuvertrauen und erst mal unter »vier Augen« von deinen Gefühlen zu erzählen, um dich zu stärken. Wichtig ist, dass du weißt: Dein Gefühl ist nicht doof oder falsch. Es ist dein Gefühl, und es hat seinen Grund, warum du so fühlst und nicht anders.

Hilfreich ist auch eine Selbstbeobachtung: In welchen Situationen fühlst du dich selbstbewusst und in welchen wie die Ameise an dem Strohhalm auf hoher See?

Ausprobieren kann auch eine Methode sein, um herauszufinden: Was traue ich mich? Und: Wie reagiert meine Umwelt darauf? Vielleicht zieht dein Bekanntenkreis ja insgeheim den Hut, weil du gesagt hast, was du denkst? Vor allem: Vielleicht ziehst du vor dir selber den Hut, wenn du eine Situation gemeistert hast, die du dir vorher selbst nicht zugetraut hast?

Blöde Anmache und sexueller Missbrauch

Dreizehn Prozent aller Mädchen zwischen vierzehn und siebzehn Jahren geben an, schon einmal sexuell belästigt worden zu sein. Sexuelle Belästigung, das ist, wenn dir jemand zu dicht auf die Pelle rückt und scheinbar »aus Versehen« deinen Busen oder deinen Po berührt. Das ist ein blöder Spruch eines Bekannten oder Verwandten, wie »Du hast aber einen sexy Hintern«, das ist ein Porno-Film, den dir jemand ungefragt auf dein Handy schickt, das ist ein Mitschüler, der an deinem BH-Träger fingert, das ist ein Lehrer, der anzügliche Bemerkungen macht. Sexuelle Belästigung schlägt in Gewalt um, wenn jemand sexuelle Handlungen von dir fordert, dich gegen deinen Willen küsst oder dich sogar überwältigt.

Eigentlich weißt du ganz genau: »Hier stimmt etwas nicht. Das hier ist nicht richtig.« Aber vielleicht bist du nicht in der Lage, dich direkt zu wehren, weil du so überrumpelt bist oder unter Druck gesetzt wirst und Zweifel an deiner eigenen Wahrnehmung bekommst. Manche Mädchen, die sexuell belästigt werden, haben sogar das Gefühl, selbst »schuld« daran zu sein. Das ist in keinem Fall so! Schuld hat immer derjenige, der dich zu etwas drängt, das du nicht aus freien Stücken möchtest und der dich in eine Situation bringt, in der du keine gleichberechtigte Partnerin bist.

Sexuelle Übergriffe sind niemals ein schönes Geheimnis, das es zu hüten gilt. Im Gegenteil, solche üblen Geheimnisse gehören weitergesagt, deiner Mutter, deiner Freundin, deiner Lehrerin, einer netten und verständnisvollen anderen erwachsenen Person, der du vertraust. Wenn es niemanden in deiner Umgebung gibt, der dir hilft, ist es wichtig und hilfreich, so bald wie möglich eine Beratungsstelle, die *pro familia*, ein Kinder- und Jugendtelefon anzurufen und dort Hilfe zu suchen (Nummern findest du im Adressteil). In akut gefährlichen Situationen ist es gut, sich wie ein stolzer Hahn »aufzuplustern«, sich »dicke« zu machen und ein deutliches »Stopp« zu signalisieren. Kommt es zum körperlichen Übergriff, ist es wichtig, sich zu wehren: Laut »Feuer« zu schreien, dem Angreifer in die Eier zu treten, ihm mit den Fingern in die Augen zu stechen, zu kratzen, zu beißen, wenn irgendwie möglich wegzurennen. Aber wenn das nicht gelingt, vor Schreck, aus Angst oder aus anderen Gründen, ist ganz klar: Es ist nicht deine Schuld.

Es gibt auch viel unterschwelligere Formen von Gewalt. Wenn jemand deine Liebe erzwingt oder dich erniedrigt, weil du ihn magst und unbedingt mit ihm zusammen sein möchtest, wenn jemand deine Liebe ausnutzt, mach dir klar: Das ist keine Liebe, das ist Machtausübung. Liebe hat nichts mit Macht zu tun, sondern mit Gleichberechtigung.

Der sicherste Gradmesser für dich kann immer die Frage sein: »Tut mir das gut, was hier passiert, oder mache ich Kompromisse, nur um irgendeine Art von Aufmerksamkeit und Zuwendung zu bekommen?« Andersherum: Was tut dir wirklich gut? Wo fühlst du dich geliebt und sicher? Wem kannst du vertrauen? Letztlich: Wen liebst du wirklich?

Herausfinden, wen du liebst, das geht am besten, wenn du auf dein Gefühl achtest und dich nicht damit begnügst, dass es irgendjemand ist, Hauptsache, er wendet sich dir zu. Liebe ist nicht, sich besonders klein zu machen und den anderen auf einen Sockel zu heben. Partnerschaftliche Liebe ist, sich auf gleicher Höhe zu begegnen. Manchmal muss man etwas länger suchen, um jemanden zu finden, der das auch kann. Eine Person, die dich sieht mit deinen Stärken und Schwächen, ein Gegenüber, das auch du sehen, achten und lieben kannst. Lass dir dafür Zeit und benutz deinen Röntgenblick, wenn du Ausschau hältst.

Ein schönes Leben ...

Hoffentlich hat dir dieses Buch Spaß gemacht, Lust auf die Liebe und Neugier auf die vielen Antworten, die du selbst finden wirst. Alles Glück für dein Leben und besonders für dein Liebesleben, wunderbare Naturkatastrophen und jede Menge eigene Entdeckungen in der Liebe und der Sexualität!

Danke

· · · · · · · · · · · · · · · ·

Für Antworten auf meine Fragen ganz herzlichen Dank an alle Interviewpartnerinnen und Interviewpartner.

Für Lesen, Meckern, Grinsen und Kopfschütteln ganz herzlichen Dank an Jana Kämmer, Christel Bossbach, Rainer Neutzling und Jürgen Dahlmann.

Für Abhauen und Wiederkommen, Türzumachen und Blumenschenken vielen, vielen Dank an Jana, Luca und Heiner.

Adressen, Rat und Hilfe

Sich Rat und Hilfe zu holen, wenn es irgendwo brennt, ist manchmal gar nicht so leicht. Die meisten Menschen versuchen, sich erst einmal abzulenken, die Probleme ganz nach hinten in den »Schrank« zu packen oder sich zu betäuben. Sie halten lieber große Schmerzen oder ganz unangenehme Situationen aus, bevor sie sich entschließen, in einer Beratungsstelle anzurufen und fremden Menschen von ihrem Problem zu erzählen.

Wenn du etwas auf dem Herzen hast und gute Freundinnen oder verständnisvolle Eltern zu deinen Vertrauenspersonen gehören, ist der Weg zu ihnen der erste und beste. Wenn du aber dort nicht weiterkommst, die Menschen in deiner näheren Umgebung auch ratlos sind oder nicht die richtigen für dein Problem, dann ist es auf jeden Fall gut, sich woanders umzuschauen.

Ein erster Schritt kann sein, sich über das Internet an den Online-Dienst einer Beratungsstelle zu wenden oder ein Sorgentelefon anzurufen. Bei der E-Mail-Beratung der pro familia, dem Kinder- und Jugendtelefon des Kinderschutzbundes oder der Telefonseelsorge beispielsweise sitzen Profis, die dir schriftlich oder mündlich, auf jeden Fall anonym und kostenfrei, eine erste Einschätzung deiner Situation geben können.

Internet-Beratung

www.sextra.de
www.sexundso.de
siehe auch www.profamilia.de
Internetseiten der pro familia für Jugendliche zu den Themen
Liebe und Sexualität. Infos, Online-Beratung und Diskussionsforen.

www.lizzynet.de
Internetseite des Bundesministeriums für Bildung und Forschung für junge Mädchen und Frauen zu den Themen Liebe,
Sexualität, Gesundheit, Schule, Beruf, Politik, Kultur.

www.loveline.de
siehe auch www.bzga.de
Internetseiten der Bundeszentrale für gesundheitliche Aufklärung. Tipps und Infos zu Fragen rund um Körper, Sex,
Verhütung, Arztbesuche und zur Liebe im Allgemeinen.
Mit Expertenchat.

www.frauenarztbesuch.de
Internetseite, die rund um den ersten Besuch beim Frauenarzt sowie über Geschlechtskrankheiten informiert.

www.kids-hotline.de
Online-Beratung zu den Themen Freundschaft, Liebe,
Sexualität, Eltern, Gewalt, Sucht u. a.

www.bke-sorgenchat.de
Online-Beratung zu den Themen Liebe, Lebenskrisen und
Freunde.

www.youngavenue.de
Internetseite der Kinderschutz-Zentren. Foren und Online-
beratung zu den Themen Freundschaft, Liebe, Sexualität,
Gesundheit, Missbrauch, Recht.

www.lustundfrust.ch
Internetseite der Züricher Aidshilfe und dem schulärztlichen
Dienst der Stadt Zürich. Die Seite ist auch interessant, wenn
du nicht in der Schweiz lebst. Viele Infos zu Sexualität und
Körper plus ein Wörterbuch für Sex.

www.du-bist-du.ch
Infos und Online-Beratung für Jugendliche zum Thema
Homosexualität.

www.aidshilfe.de
www.aidsaufklaerung.de
www.aidshilfe-beratung.de
www.aids.at
www.aidshilfe.ch
www.zah.ch
Beratung und Aufklärung zu HIV, Hepatitis und anderen
sexuell übertragbaren Krankheiten. Engagement für schwul-
lesbische Kultur und Lebensweise.

Telefonberatung

Speziell für Kinder und Jugendliche gibt es das Kinder- und Jugendtelefon des Kinderschutzbundes, die »Nummer gegen Kummer«.
Telefon: 08 00/1 11 03 33
Österreich: Telefon: 01/1 47
Schweiz: Telefon: 08 00/55 42 10 oder 08 00/1 11 03 33
Kostenfrei

Die evangelische und die katholische Telefonseelsorge sind rund um die Uhr erreichbar.
Evangelische Telefonseelsorge: 08 00/1 11 01 11
Katholische Telefonseelsorge: 08 00/1 11 02 22
Kostenfrei

Die pro familia bietet eine Info-Hotline speziell zum Thema »Pille danach« an, das »Pille-danach-Infotelefon« mit automatischer Ansage in deutscher, türkischer, russischer und englischer Sprache.
Telefon: 0 18 05/77 63 26
12 Cent pro Minute aus dem deutschen Festnetz

Persönliche Beratung

Es gibt ganz unterschiedliche Einrichtungen, die Beratung anbieten. Dort kannst du anrufen und um einen persönlichen Gesprächstermin bitten. Wenn du in die Beratungsstelle kommst, ist eine Beraterin für dich zuständig. Sie nimmt sich Zeit, und du kannst ihr dein Problem schildern und mit ihr besprechen, was zu tun ist.

Wenn du das Gefühl hast, du kommst nicht weiter, gib nicht sofort auf, sondern klopf noch mal woanders an. Manchmal stimmt einfach die »Chemie« zwischen Beraterin und Ratsuchender nicht, und dann ist es gut, einen neuen Anlauf zu nehmen und sich jemand anderen auszugucken.

Um herauszufinden, welche Beratungsstelle in deiner Nähe ist, schau im Telefonbuch, in den Gelben Seiten oder im Internet nach. Die wichtigsten Anlaufstellen sind:

- Arbeiterwohlfahrt (AWO)
- Caritas
- Deutsche Aids-Hilfe e.V.
- Deutsches Rotes Kreuz
- Diakonisches Werk
- Kinderschutzbund
- Paritätischer Wohlfahrtsverband
- pro familia
  · Beratung für Kinder, Jugendliche und Erwachsene
  · Familienberatung
  · Drogenberatung
  (Diese drei findest du im Telefonbuch unter »Stadt« oder »Kreis«, weil sie den Städten bzw. Kreis-Städten zugehören.)

Weitere Anlaufstellen in Österreich

Beratungsstelle für sexuell missbrauchte Mädchen und junge
Frauen
Theobaldgasse 20
1060 Wien
Telefon: 01/5 87 03 55 oder 01/5 87 10 89
www.maedchenberatung.at
E-Mail: maedchenberatung@aon.at
Die Mitarbeiterinnen kümmern sich speziell um Mädchen, die
sexuelle Übergriffe erlebt haben oder gefährdet sind. Auf der
Internetseite sind viele weitere Ansprechpartner in Österreich
gelistet.

Aids Hilfe Wien – Aids Hilfe Haus
Mariahilfer Gürtel 4
1060 Wien
Telefon: 01/5 99 37
www.aids.at
E-Mail: wien@aids.at

Weitere Anlaufstellen in der Schweiz

www.feelok.ch
Internetseite der Universität Zürich, die verschiedene Beratungsstellen in der Schweiz listet. Je nachdem, was du auf
dem Herzen hast, kannst du dich gezielt an eine Stelle wenden,
die mit deinem Thema vertraut ist. So gibt es zum Beispiel

»Rainbowgirl« speziell für Fragen rund ums Lesbischsein oder »Durchblick« speziell für Fragen zum Thema Sexualität und Körper.

pro familia in der Schweiz
Marktgasse 36
3001 Bern
Telefon: 0 31/3 81 90 30
www.profamilia.ch
E-Mail: profamilia@bluewin.ch

Züricher Aids-Hilfe
Birmensdorferstrasse 169
8003 Zürich
Telefon: 0 44/4 55 59 00
www.zah.ch
E-Mail: mail@zah.ch

Stichwortverzeichnis

Manne Forssberg
FOR BOYS ONLY
Alles über Sex und Liebe
Klappenbroschur, 216 Seiten (75325)
Gulliver, 208 Seiten (75528)

Das Aufklärungsbuch der besonderen Art – für Jungen und für Mädchen!

Oral, anal, vaginal ... das erste Mal? Es gibt so vieles, worauf Jungs gerne eine Antwort hätten. Journalist Manne Forssberg nennt die Dinge beim Namen: Wie verhüte ich richtig? Ist mein Penis zu klein? Woran merke ich, ob ein Mädchen einen Orgasmus hat? Wie mache ich Schluss? Kann man während der Menstruation Sex haben? Bin ich schwul? Sachkundig und unterhaltsam behandelt der Autor alle möglichen und unmöglichen Fragen rund um Liebe, Sex und Zärtlichkeit und lässt dabei auch die Jungen und Mädchen selbst zu Wort kommen.

»For boys only? Nein. Was hier nachzulesen ist, geht auch jedes Girl was an.« *Süddeutsche Zeitung*

»Ein supergutes Buch!« *Eselsohr*

»Manne Forssberg triff stets den richtigen Ton: anschaulich, jung und unkompliziert, aber nicht anbiedernd.« *Berliner Zeitung*

Beltz & Gelberg
Beltz Verlag, Postfach 100154, 69441 Weinheim, www.beltz.de

Quellennachweis:

S. 29: Sugababes Ugly , Universal Music International 2005

S. 159: Rainer Neutzling Herzkasper, Rowohlt Verlag, Reinbek 1996